親愛的喇嘛梭巴

轉困境為安樂Q&A

Dear Lama Zopa

Radical Solutions for Transforming Problems into Happiness

喇嘛梭巴仁波切／著　釋妙喜／譯

目錄. contents

推薦序　　　殷琪	007	
喇嘛梭巴仁波切小傳	008	
喇嘛梭巴仁波切行誼	011	
譯序	015	
如何善用這本書	019	

養兒育女　031
如何慶生？	033
要不要有孩子？	035
向孩子學習	036
養兒不是為了防老	038
為什麼要生孩子？	040
不孕症	042
占星術	044
我應該墮胎嗎？	045
胎兒殘缺，可以墮胎嗎？	046
拔掉幼兒的維生器？	049
唐氏症嬰兒	050
女兒天生失明	052

健康問題　057
我要戒菸	058
女兒的毒癮	060

皮膚癌	065
乳癌	067
C型肝炎的療方？	069
多發性硬化症	070
愛滋病毒不見了！	072
染上愛滋病，怎麼辦？	074
療癒師	077
代眾生受苦	079

意外傷害　081
意外殘廢	082
擺脫毀容的折磨	085
我中彈了	086

死亡　089
不該隱瞞病情	090
為死亡作最好的準備	091
器官捐贈	092
幫助母親善終	094
幫助好友善終	095
猝死不是誰的錯！	099
哀傷母親之死	101
丈夫過世	103

教育孩子 107

孩子不受管教 108

粗暴的學童 110

上學的目的 113

家庭教育更重要 114

教養孩子也是修行 116

親子關係 119

孩子一直對我不滿 120

父母和孩子的爭吵 122

男女關係 125

有益修行的男女關係 126

夫妻關係 129

為什麼丈夫虐待我？ 130

夫妻失和 133

離婚是不是有錯？ 136

要求離婚，會有什麼業果？ 138

為離婚的對方祈福 140

隨喜前夫再婚 142

金錢 143

政府拿了我的錢 144

朋友欠我錢 146

增加財富 147

耗盡財運 150

事業 153

障礙重重 154

事業的困境 155

找不到工作 156

訴訟 157

被誣告 158

要不要打官司？ 160

風水師被控告 162

貪執 165

太過操心 166

貪執幸福美滿 168

貪戀女友 172

貪執名聲 174

瞋心　177
氣夠了　178
生氣傷人　180
自尊心受創　184
不信任別人　186
朋友傷了我的感情　187
報復　188

傲慢　191
自豪與傲慢　192
受不了自己的傲慢　193

憂鬱　197
享受你的憂鬱　198
轉化憂鬱為安樂　201

恐懼　207
怕坐飛機　208
怕蛇　209

魍魅干擾　211
魍魅傷害　212
想要自殺　214

菩提道次第　217
蛋糕上的奶油　218
解脫輪迴　219
空性一味　220
知夢是夢　221

坐牢　223
外在牢獄，內在解脫　224
輪迴是真正的牢獄　227
轉世　235

宗教　239
誰是上帝？　240
一切都非由上帝作主　241
宗教可能非常危險　242

愛護動物　245
放生　246
裨益寵貓的心　250
幫助老狗善終　252
欠蟑螂的業債　254
避免肉食　256
殺老鼠餵蛇　258

為螞蟻受戒　　　263

不該殺蚊子　　　264

鱷魚獵者　　　　265

動物也有心識　　266

請勿獵殺　　　　268

天災　　　　　269

地震的來由　　　270

森林大火　　　　273

如何平息天災　　274

遏止禽流感　　　278

爆發伊波拉　　　279

人禍　　　　　281

幫助911的受難者　282

錯誤的隨喜　　　284

如何自保？　　　286

給美國總統的一封信　288

護國息災之道　　294

運用神通護生　　298

共業的力量更強　300

幫助大海嘯的亡者　302

電影　　　　　303

不願面對的真相　304

佛教辭彙　　　307

護持大乘法脈聯合會

及台灣弘法中心　325

如意輪咒

推薦序

　　透過這本書，我再一次深深體會到我的上師梭巴仁波切無量的慈悲。

　　本書所涵蓋的各式各樣問題，如鏡子般地照出人在輪迴中的種種苦，而梭巴仁波切淺顯易懂的回覆，對於非佛教徒與非梭巴仁波切的弟子們，在面對日常生活或修行中的種種困惑時，應該是非常受用。

　　對於梭巴仁波切的弟子們，經由此書，我們更能感念上師的慈悲、智慧與善巧，並且更加珍惜與堅定實修上師一次又一次不辭辛勞所給予的珍貴教法。

　　祈願上師與教法永駐，為世界持續燃放和平的明燈。

台灣高鐵董事長

殷琪

喇嘛梭巴仁波切小傳

仁波切於1946年出生在尼泊爾聖母峰附近的梭魯昆布地區。據仁波切的母親說，從仁波切會說話時起，就經常宣稱：「我是勞朵喇嘛。」這位喇嘛——滾桑・耶喜，是當地有名的大成就苦行者，1945年圓寂。他生前最後的二十年，住在勞朵附近的一個洞穴中禪修，一直是當地居民的精神良師。勞朵喇嘛是寧瑪派的在家修士，據說他精力無窮地服務他人，而且像許多大成就者一樣，不需要睡眠。

勞朵喇嘛的大弟子拿旺・邱培，依傳統方式，認定這個小孩的確是再來人；諮詢了許多位西藏大喇嘛，他們都同意這項認定。仁波切準確地認出屬於勞朵喇嘛的物品。

仁波切幼年首先住在尼泊爾塔密的寺院，之後住在羅瓦林，最後到了西藏，住在多摩格西仁波切在帕黎的寺院。梭巴仁波切在那裡初次接觸西藏佛教的格魯派教法，並在那兒出家。這所寺院的護法也確認仁波切是轉世的喇嘛，並且提供如何照料他的建議。

在帕黎三年之後，仁波切決定到拉薩附近的一所格魯大寺院——色拉寺，繼續修學。可是護法堅持建議仁波切做一次禪修閉關，而不要去色拉寺。就在1959這一年，仁波切十三歲時，中共接管了西藏政府。仁波切說，在中共逼近帕黎之際，他經由不丹逃到印度，抵達西孟加拉的巴薩。他在那裡待了八年，和其他數百名流亡喇嘛、僧尼在這個一度是英國殖民時代集中營的地方，繼續修學。

仁波切在這裡開始接受色拉寺的僧人圖敦・耶喜喇嘛的指導，

直到1984年耶喜喇嘛圓寂為止，仁波切始終是他的心傳弟子。仁波切說：「耶喜喇嘛勝過父母；喇嘛照顧我，就像母雞從自己的口中餵養小雞一樣。」隨後的二十年，這兩位喇嘛以說法的威力以及不倦地廣泛利益他人的慈悲心，吸引了數千名弟子，在西方世界造成極大的影響。

1965年，他們在大吉嶺遇見第一位西方弟子——美國公民琴娜·拉卻夫斯基，其父是俄國大革命期間逃到法國的俄國王子。她開始聽耶喜喇嘛說法，由仁波切用他剛學來的英語為她翻譯。之後，兩位喇嘛便完全使用英語教他們的西方弟子。

1968年，琴娜剃度為尼，他們一起搬到尼泊爾。兩位喇嘛從這裡熱絡地展開和西方人深遠的關係。起初，他們住在加德滿都市郊的玻答那，這是一座古佛塔的所在地。根據仁波切的描述，耶喜喇嘛每天都從窗戶往外看某一座山丘。山丘是在越過山谷的梯田，朝北的遠處。「他似乎深深地被它吸引。有一天我們出去勘察那座山丘，那就是柯磐山丘。」

柯磐一直是尼泊爾國王的占星師的家，1969年，喇嘛們搬到那裡。次年，仁波切接受親友的請求，回到梭魯昆布。在駐留期間，勞朵喇嘛的兒子把勞朵洞穴和勞朵喇嘛所有的遺物歸還仁波切。就在這次訪問期間，仁波切實現了勞朵喇嘛生前的諾言，為當地小孩啟建一所寺校，仁波切稱之為「聖母峰中心」。

1971年，仁波切在柯磐首次公開說法，向十二名西方人密集地介紹佛教哲理及禪修。這第一次課程隨後便演變成年度盛事，被稱為「十一月課程」，至今每年都吸引數百位世界各地的人前來參加。仁波切的開示啟發許多人的心，有些人甚至因而出家。

喇嘛們接受越來越多弟子的邀請，1974年首度訪問西方——

美國、澳洲和紐西蘭。之後，各國弟子開始興辦佛法及禪修中心。1975年，耶喜喇嘛把這個剛萌芽的組織網命名為護持大乘法脈聯合會（FPMT）。

1984年，耶喜喇嘛圓寂，從那時起，仁波切一直是FPMT唯一的導師，領導遍佈全世界一百四十多個中心，包括佛法中心、閉關中心、臨終關懷服務中心、醫療中心、普世教育學校、翻譯人才培訓學校、出版社、寺院等等。

仁波切從1986年首度到台灣以來，多次蒞臨台灣弘法，並且建立三個佛法中心，分別在台北、台中、高雄，和台灣的信眾結下深廣的法緣。目前在台的機構包括財團法人台北護持大乘法脈基金會、彌勒大佛工程台灣辦事處、經續法林、釋迦牟尼佛中心、上樂金剛中心。目前已經出版的仁波切開示錄包括《滿足之門》、《轉念》、《心匙》、《宗喀巴大師上師相應法》、《究竟的康復》等等。

喇嘛梭巴仁波切行誼

　　仁波切的法號「梭巴」，意為「安忍」，這正是仁波切最貼切的寫照，在他身上嗅不到絲毫的火氣。仁波切的利生事誼，在在流露出菩薩行者，難忍能忍、難行能行的風範。

　　「依止上師」是仁波切種種為人稱道的懿行之一。例如，見到上師遠遠走來，仁波切會立即致上最恭敬的大禮拜。儘管百忙之中，仁波切還是會親自下廚烹飪，供養上師。

　　在仁波切的上師心中，仁波切是最具量的弟子。仁波切的上師究給崔欽仁波切曾經多次讚歎道：「梭巴仁波切是心量廣大、老實修行的道地行者。他和上師之間的三昧耶，是百分之百的清淨，能夠成為他的弟子，的確是具足無上的福德！」

　　登瑪洛確仁波切（梭巴仁波切的上師之一）說，梭巴仁波切在修行方面是很用功的，他白天忙於事業，晚上做功課。聽說仁波切可以整夜不睡覺，身上的腰帶都沒有拿下來過。

　　卻殿仁波切（梭巴仁波切的上師之一）說，梭巴仁波切可以忍受艱苦的事，能夠長時間教導弟子佛法，完全不顯露疲態，也可以每天二十四小時不間斷的利益眾生，不需要任何的休息或睡眠，這令他印象非常深刻。卻殿仁波切認為梭巴仁波切的功德行誼主要有三：

　　1.縱使梭巴仁波切廣泛地精通於佛法，在全世界也有眾多的弟子，但是仁波切從來沒有驕慢之心，總是非常謙虛，而且就像釋迦牟尼佛一樣，持戒非常清淨。

　　2.梭巴仁波切是對大眾宣說佛法的巨擘，尤其是一直不斷的弘揚宗喀巴大師的教法。

　　3.梭巴仁波切對佛、法、僧三寶做了很多不可思議的供養，也

完成眾多的弘法利生事業，例如推行彌勒佛計畫、建造佛塔、佛像，以及建立佛法中心等等。

仁波切的侍者普賢法師表示，如果有一位有情眾生出現在面前，仁波切不管多忙，都會停下來，為了這位有情眾生，他有的是時間。和仁波切見面、談話時，仁波切對每位訪客的開場白幾乎都是：「我如何為您效勞？」短短的一句話，力量卻是無比的大。仁波切慈和、誠懇的態度，溫柔的語調，關愛的眼神，給人心安、溫暖的感覺，把陌生、緊張、畏怯一掃而空。

曾經有一段時間，梭巴仁波切的法體違和，弟子們都非常憂慮並祈求他要保重身體，仁波切卻很謙卑的答說：「我希望能夠把身上的每一個細胞都拿來饒益一切有情，布施給眾生，如果我不能對他們有所利益的話，那我就沒有存在的理由。」

在弟子的心目中，仁波切是最寬容、慈愛的褓姆。仁波切似乎特別容易攝受粗暴、難調的眾生，以無比的慈悲心和耐心備加關愛，善巧引導。無論弟子犯了多大的過失，他從未疾言厲色地加以責備，只有無盡的包容與鼓勵。仁波切眼中的一切都是「不可思議」的清淨、完美。仁波切可以從任何人身上發掘無數的優點，由衷隨喜讚歎。然而，當別人讚美仁波切的時候，仁波切總是一再否認，並且說：「那是因為你的心很清淨的緣故；但願我能像你所說的那樣。」

每天早上，仁波切都保持禁語，專注於修法或禪定，持誦各種咒語和祈請文，花很長的時間觀想、獻曼達供。當仁波切開口說話時，忙碌的一天就開始了。雖然仁波切成就很高，但每天仍精進地做各種前加行；就算行程排得滿滿的，仁波切仍利用會客的空檔作大禮拜。

想知道仁波切如何運用佛陀殊勝日嗎？在佛陀初轉法輪日，仁波切把上午和下午的時間都花在誦經、修行上。晚上七點，仁波切的行程安排在藥師佛淨土中心傳授《金剛經》口傳，並帶領一場金剛瑜伽母自灌頂。所以，仁波切在七點二十分抵達藥師佛中心。但實際過程是，仁波切先開示悲心和珍愛眾生三小時，帶領燈供一小時，然後介紹《金剛經》和空正見，一直到凌晨兩點左右。接下來，仁波切離開藥師佛中心，回到他的房子，並布施每個人一百元美金，然後去做佛塔裝臟，一直到四點半。這時候，仁波切喊說他差點忘了一件事，並跑出去把他的小狗「瑪尼」帶去繞佛塔一小時，一直到五點半，接下來繼續用金汁為了彌勒大佛書寫《般若波羅密多經》，直到天亮。與此同時，有一些普通人，身處各種不同程度的疲憊中，倒在房子各處。

仁波切時常將自己的東西布施出去，從不考慮到自己的需要。有一次，仁波切要侍者將自己唯一的一套僧袍送給一位很窮的出家人，侍者向仁波切報告說：「仁波切，可不可以等我幫您做一套新的僧袍之後，再將這套送出去？」仁波切說：「沒關係，先將這套送給那位法師，我穿襯裙就好！」仁波切從不貪著任何東西，別人供養他的各種珍貴寶物，不管多貴重，轉眼間，他就慷慨地轉送他人。

有一回，一條水蛭爬到仁波切的手臂上吸血，大家急著要為仁波切將水蛭從他的臂膀上拔出來，仁波切擔心在拔出水蛭時會傷害到牠，因此堅持讓水蛭留在手臂上，足足讓牠吸了一個禮拜的血，直到牠身體變胖、滿足又歡喜的自行離去為止。當時仁波切整隻臂膀都已紅腫不堪，而他仍是那麼安詳自在。

當仁波切在印度弘法時，由於當地氣候酷熱，蚊蟲孳生，侍

者會為他掛起蚊帳。但稍後侍者進入仁波切的房間時，卻發現蚊帳被取下來，深感疑惑的侍者只得再度把蚊帳掛起來。過了一會兒，當他再進入仁波切的房裡時，卻發現蚊帳又不見了，而仁波切也已置身於蚊海的肆虐當中。侍者大驚，急忙要為仁波切驅除蚊蟲，仁波切卻神情泰然地說：「哦！別忙，我難得有機會將血布施給牠們呢！」

和仁波切吃飯，你會不由得聯想起普賢行願品的「廣修供養」。想像仁波切坐在飛機上，空服員端來一盤餐點，仁波切開始專注、虔誠地合掌唸誦真言、祈請文，久久之後，空服員來收碗盤，只見仁波切仍在觀修、供養，餐點原封未動，但鑑於規定，只能取走。在旁的普賢法師急著制止，此時，仁波切緩緩地抬頭，溫和地笑著說：「沒關係，我已經獲得主要的益處了。」

譯序

　　《親愛的喇嘛梭巴》是恩師的第一本書信集，本來並沒有打算寫譯序，因為英文的編者已經寫了一篇很長的導讀序。不過，橡樹林的編輯知道我是仁波切（這是我們普通對喇嘛梭巴的稱呼）的弟子之後，希望我以弟子和譯者的身份寫一篇序，我欣然答應，希望讀者更了解仁波切的行誼，從而更能夠開放自己的心，接受啟發，轉化心行，獲益更深遠。

　　有些人問我：「台灣有那麼多道場和大師，為什麼你選擇追隨西藏喇嘛出家？」其實，追隨仁波切學佛的主要理由是，仁波切本身就是他所傳授的教法無懈可擊的典範，恆常愛惜其他有情，勝過自己。修心八頌的第一首偈：「我於一切有情眾，視之尤勝如意寶，願成就彼究竟利，恆常心懷珍愛情。」正是仁波切最好的寫照。

　　1991年我在台灣初次私下訪問仁波切，是為了幫法光雜誌社寫一篇介紹西藏佛教修行特色的文章，那時和仁波切一點也不熟。我見到仁波切，第一句話對他說：「我的英文很破，不懂佛法，更不懂西藏佛教，而我要用很破的英文請教仁波切西藏佛教的特色。」仁波切馬上很誠懇地合掌說：「我也一樣。」短短的一句話，具有很大的震撼力。接著，我問了第一個問題，仁波切足足花了兩個小時非常專注、慎重地作答，時而陷入禪思，就好像在處理一個非常重要的問題。侍者幾次進來想提醒仁波切外面還有很多人在等，但是仁波切太專注了，似乎視而不見，聽而不聞。回答完第一個問題之後，仁波切哈哈大笑地說：「我猜這輩子還沒有一個人用兩個小時回答你一個問題。」我心想：「哇，這是怎樣的師父啊！」

　　事實上，我的經驗絕非特例。本書的英文版編者序中提到：

「仁波切可以花上好幾個小時，決定對方做什麼功課最好、應當給他什麼建議、送哪一張花卉明信片——就好像在那當下，對方是全世界上最特別的人。」這確實是仁波切一向的行事作風，遇事總是盡心盡力做到最圓滿，讓對方受益最大。而且每當有人述說自己的困難、痛苦時，仁波切總是感同身受，讓你打從心底相信，這位可敬的師父接收得到每個人內心最深處的訊息，他對你的了解和關愛，遠超過你自己所能想像的程度。

本書中的來信涵蓋世俗生活上許多切身的問題，從生到死，健康、人際關係、家庭、事業、金錢、官司、坐牢、政治、宗教、電影、天災人禍，等。我們可以從中看到眾生如何受種種煩惱和身心痛苦的折磨，如何遭遇諸多無奈的困境而痛苦不堪；我們也可以從中連想到自己或周遭的人相似的經驗。為什麼人生有這麼的困境？如何徹底、永遠解脫種種煩惱和身心痛苦的折磨？這是一般人無法從世間法中找到答案的問題。

仁波切的回信啟發我們轉化心態，改由佛法，尤其是大乘佛法的觀點來看待人生，解決人生的困境。佛法和世間法之間有很大的差異。譬如，一般人認定只有今生，所以往往只追求今生的安樂、幸福。而佛法是建立在三世因果的基礎——我們不僅要為今生的身語意行為（業）負責，而且必須為今生之前的無數過去生乃至無數未來生的行為負責。今生的身體會老化、死亡，而心識的續流從無始的過去世一直接續到這一世，乃至未來世，永續不斷。只要還沒有解脫輪迴，這一期生命結束之後，心識還會去受取另一個身相；下一世不一定會得到人身，可能投生到畜生界、餓鬼、地獄界等，一切取決於我們的善惡業。

又譬如，一般人都是以自我為本位，漠視其他有情的安危。而佛法告訴我們，「我」的安樂完全是仰仗其他一切有情的慈恩，其

他一切有情的安危也取決我對他們抱持的心態，所有的有情彼此之間的關係，猶如唇齒相依。所以我們不可能漠視其他有情的福祉，我們必須為所有的有情負責，促進其他有情的福祉，相對地也會促成自己的成功和安樂。

還有，一般人對於人際關係往往抱持非常僵固的常見，而佛陀告訴我們，所有的有情都曾經無數次做過我們的父母，每一位有情都和我們密切相關。今生的親友可能是某一個前生的仇人，反之亦同。總之，佛教的時間觀、空間觀、宇宙觀是無限寬廣、深遠的。

仁波切的每一封回信都是為了引導大家邁向佛陀所揭示的徹底離苦得樂之道。不熟悉大乘佛法的讀者，不妨先仔細參閱英文版編者序，其中提到大乘佛法的幾個基本哲理。這些哲理並不是關在象牙塔裡面想出來的理論，而是佛陀實際修行的心得，是佛陀出於大慈悲、大智慧所揭示的徹底離苦得樂之道。

佛陀所揭示的修行道牽涉到不斷自我教育的過程，兩千五百多年來經過無數的修行人實踐、驗證過而且顯然奏效。例如：我們和仁波切等修行有成的喇嘛們相處，聽他們的開示或個別諮詢，以及觀察他們和其他人相處的情形，在在證明，他們的確是滿懷真誠的赤子之心，恆常無私奉獻、一味利他，具有布施、持戒、謙和、安忍、寬恕、慈悲、精進、禪定、幽默、睿智、安詳、自在、知足、喜樂等，種種難能可貴、不可思議的無量美德，令人嚮往、欣羨不已；而那些美德是他們捨離世俗法，實修佛法的成果。這些成就者的修行典範給予我們信心、希望和勇氣，只要我們下定決心步著他們的後塵老實修行，有朝一日必定能夠達到同樣的境界。

我們一向受制於有害身心的世俗觀念和行為習慣，要拋棄這一切，重新建構有益今生來世的正見、正念，並非易事，需要很大的信心、勇氣、耐心和持續的努力。但是如果我們審慎地思惟：現在

不開始修行，要待何時？生命無常，誰知道死亡何時會到來？

在翻譯這本書信集當中，印象最深刻的是仁波切寫給死刑犯鐵德的兩封信：「輪迴是真正的牢獄」和「轉世」，其中所蘊含的法義，尤其是大乘佛法的要義，值得有心修行佛法的讀者一再反覆地閱讀、省思，直到那些法義融入我們的心。其實，仁波切的每一封回信都是非常珍貴的佛法開示，不僅包含所謂的「顯教」的法義，也包含密續的修法。有些讀者對於佛法的某些法義，尤其是密續的修法，可能會感到陌生、難解，那麼您不妨暫時略過這些部分，擷取您目前能夠瞭解、應用的部分。日後機緣成熟時，或許您就會明白那些密續的本尊修法何所指了。

中譯本和英文原版在編輯上略有不同。譬如，英文版的來信是依英文字母排序；而中文版是依信件的內容性質不同來歸類。

但願以上的簡介，對讀者有若干幫助。在此特別感謝橡樹林給我這個機會翻譯恩師的書信集，還有在翻譯過程中，所有直接或間接提供協助者，例如：洪靜宜幫忙翻譯讀者來信的初稿，蘇怡文、蔡文珠幫忙校稿，等等。

由於翻譯這本書所積集的一切善德，迴向尊貴的怙主上師健康、長壽，所有的聖願圓滿，永遠引導我們，直到輪迴盡。但願所有的讀者，乃至一切輪迴眾生，恆常在具格師長的引導下，邁向解脫、成佛之道。

釋妙喜
2009年6月

如何善用這本書

　　這是一本書信集，包含全世界各地的民眾寫給喇嘛梭巴仁波切的信，請示仁波切有關他們的困境，以及仁波切的回信。除了少數幾封是仁波切主動寫給不同對象的信。

　　仁波切的勸言，每一個字都是根據佛陀的教法，因此，讀者有必要了解佛陀的觀點，以便善用這本書中的勸言。在許多情況下，這些觀點迥然不同於在宗教上或唯物論中，大家一般公認的假設。了解以下各點，尤其有用。

　　心是什麼？
　　好事、壞事發生的來由：業
　　如何歡迎壞事：將困境轉化為安樂
　　慈悲：服務其他有情

　　仁波切自幼在尼泊爾山區出家為僧。仁波切的專精是「心」——人的心和療癒人心之道，他更是一位通達修心技巧的大師。透過這些技巧，讓我們得以成就圓滿正覺的佛果。佛陀主張我們都有本具的潛能，能夠成就圓滿正覺的佛果。

　　這種心性發展之道，不是神秘的過程，有時成功，有時不成功。

　　一般人往往如此曲解這一點。然而，根據佛陀的說法，心性發展是：

＊合乎邏輯、嚴謹、按部就班的過程。

＊人人都做得來。

＊會帶來真實、穩定的成果：對其他有情懷抱大愛和悲憫，渴望利益

有情，並徹底實踐的能力。

仁波切是「護持大乘法脈聯合會」（FPMT）的導師。FPMT是一個全球性的組織網，包含許多佛法中心和專案，致力於用各種方式幫助他人。仁波切常年巡迴各中心弘法，並督導各專案計畫，包括在北印度建造500英呎的未來佛——彌勒佛的佛像，以及復興在共產黨統治數十年之後，已趨衰微的蒙古本土佛教文化。此外，仁波切每年都會花好幾個月的時間做禪修閉關。

仁波切的秘書之一，澳洲籍的后莉·安瑟（Holly Ansett）尼師說，仁波切位於加州阿普透思的辦公室，每年收到的信超過三千封。其中三分之一來自各地中心或專案計畫的負責人，其餘則是來自仁波切弟子的私人信函，向仁波切請示有關他們的修行、生活、健康、家庭，以及他們的困境。

后莉尼師說：「仁波切通常要到半夜才開始回信。」（不尋常的是，仁波切似乎不需要睡覺。仁波切不是在旅行、弘法、指導弟子和各中心，就是在禪修）仁波切會從信件資料夾（其中隨時都有至少兩百封來信）中挑出當晚要回的信。有關個人健康問題之類的急件，總是放在最上面。

仁波切和許多大師一樣，擅長推薦適當的西藏草藥。仁波切時常會在信上勾繪笑臉、動物、格言，或者花很長的時間用完美無瑕的書法寫咒語，其中有一些複製在本書中。除了指導修行功課和提出忠告外，仁波切往往也會贈送書本、加持丸、年曆、佛像圖片或其他禮物。

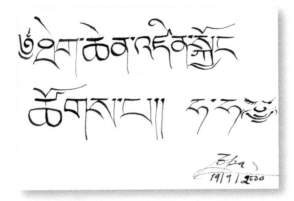

梭巴仁波切手書的藏文：
護持大乘法脈聯合會
（FPMT）哈！哈！

　　仁波切回信的時間，很少不超過兩小時，有時還會花好幾天完成長達三十頁的回信。后莉尼師說：「通常我們會在晚上把信件資料夾留在樓下的客廳或仁波切的房間，隔天會發現仁波切回信的手稿附在來信上，接著便由我謄稿。」

　　仁波切常常會被別人的溫情感動。后莉尼師說：「在飛機上，仁波切往往會稱讚空服人員的親切，謝謝他們、送他們禮物、為他們寫咒語並解釋其中涵義。在餐廳時，仁波切也會送服務生禮物。他們總是會被仁波切所吸引！」

　　「一旦仁波切開始回信，不管有沒有見過對方，都會非常慎重其事，絕不草草了事。」后莉尼師說，「仁波切可以花上好幾個小時，決定對方做什麼功課最好、應當給他什麼建議、送哪一張花卉明信片，就好像在那當下，對方是全世界上最特別的人。明信片是從仁波切旅行時買的好幾百張中挑選出其中之一，主要是花卉和大自然風景，但也有些是玩笑性質的。」

梭巴仁波切正在用純金的墨汁書寫《僧伽吒經》的經文，總共達數百張，將供奉在建造於北印度500呎高的彌勒大佛像之內。

1.心是什麼？

對佛陀來說，「心」是指：

我們內在經驗的整個範疇：思想、感受、性向、人格特質、覺察力、直覺、夢境。

心依於腦而發揮功能，但心的本身

不是腦，也不是實體。

不僅如此，我們的心

不是得自父母的遺傳，也不是來自一個高超的生命。

我們的心或意識，是我們自己的，而不是由其他任何生命創造

出來的；心是自己的個體。心是心識剎那之流，可以一直回溯到入
母胎的第一剎那，乃至回溯到那之前無數的過去世。

佛教徒的工作就是探究我們自己的心，就像仁波切說的：「工
作室就在內心」，而且，

> 運用佛陀圓熟的心理技巧，即所謂的「禪修」，釐清內心最深處的
> 感情錯綜之網。

首先，我們有必要認知心的內涵是什麼，然後加以了解，最後
予以轉變，這便是整個事情的關鍵所在。事實上，佛陀說，

> 我們可以轉變內心，直到徹底驅除負面情緒，以及諸如貪、瞋、恨
> 己、嫉妒的煩惱，讓內心充滿積極的品德，例如慈愛、睿智和利他。

對大多數人來說，追求這種圓滿或佛果，並非易事。但是，
就像培養任何技巧一樣，必須透過修習而越來越進步。我們都知道
「熟能生巧」的道理，或者就像西藏人說的：「沒有一樣事情會因
為熟習而變得更困難。」

我們通常對負面的情緒和積極的品德一視同仁，而且認為煩惱
是與生俱來的，本性難移。佛陀根本不贊同這一點。佛說，我們可
以改變，理由是：

> 我們的負面情緒好比添加物、污染：根本不屬於心，因此可以去除。

另一方面，

> 積極的品德是我們的心髓；我們是由它們來界定的；這才是我們的
> 真貌。

一旦去除煩惱，積極的品德自然會生起、成長。這是自然的心

理過程。

不過，佛說，光是相信這一點，無濟於事。我們有必要透過實修，親自去印證。「修行」這回事，其實就是審查佛陀這些主張之後，化為自己的經驗，親自得到印證。

2. 好事、壞事發生的來由：業

驅動心的力量不在心的外面，佛陀稱這個力量為「業」。業是自然而然發生的。佛曾像科學家一樣，透過觀察而發現這個道理，所以不是他人向佛揭示的，也不是佛捏造出來的。

業是自然的因果過程，發生在一切有情的內心和生命中。

我們所有的意念和感覺，伴隨著透過身體做出來的行為，以及語言說出來的話，構成一個「業」、「行」，將來自然會帶來反應。就好比播下種子，會長出果實一般。

所有的善業，爾後會成熟為樂（悅意的感覺和經驗）；所有的惡業，爾後會成熟為苦（痛苦的感覺和經驗）。

業是自然的法則。沒有別的人涉入這個過程來處罰或獎賞我們；佛教沒有這種觀念。

我們根深柢固的想法是，我們的經驗主要源自外在的人和事，不管有什麼事情發生在我們身上，都是別人造成的——上帝創造我們，朋友創造安樂，敵人創造痛苦。然而，佛陀說，實際上，

我們是自己的創造者——創造自己的經驗，創造我們自己本身。

我們的心來到今生，完全是由過去的業所安排的。宿業好比種

子，成熟而呈現為我們的性向和經驗。我們時時刻刻、生生世世都受到自己宿業力量的驅策。

我們時時刻刻都在創造自己。

常見的錯誤是，以為業只和壞事有關連，而且把業當做是用來打擊自己的大棍棒。其實所有的好事——我們的人生、我們的健康、朋友、找到工作的能力、優良的品德，也都是宿業的果報。

我們的經驗或好或壞，無一不是自己宿業的果報。

如果我們能夠領悟到光是要成為現在的自己，過去世必須非常努力，便會為此感到非常訝異、欣喜。

仁波切所有的勸言，都是基於這些與業有關的前提。

那麼，我如何在自己的生命中運用業或因果？

記住我的苦和樂是自己的宿業所感得的果報，藉此我就會認可：

如果我是形成「我現在這樣一個人」的主因，由此可知，「現在的我」是「我可能會變成怎樣一個人」的主因。我的生命操之在自己手中。

一切由我作主；我是主人。

既然我不要受苦，而且希求未來的安樂，那麼現在就必須播下種子。我有必要遵循業的法則：

切勿傷害其他有情，要設法幫助他們，並且淨除自心的煩惱。

這就是佛陀的修行。

3. 如何歡迎壞事：將困境轉化為安樂

仁波切的勸言也是基於進階的修行法門：「將困境轉化為安樂」。苦會發生在我們所有人的身上，而且不管我們多麼努力設法規避，苦似乎總是毫無預警地到來。我們設想苦是壞的、不公平的，而且盡一切努力想加以排除；如果做不到，甚至會覺得更苦。

我們有必要用不同的方式來闡釋苦。

首先，了解自己所經歷的一切，都是宿業的果報，我們的現況是自己創造出來的，這樣就能夠坦然地迎接困境，不驚慌、不自憐、不責怪。

如果我們能夠改變，就改變；否則，就接受。光是這樣，我們的經驗就會改觀，便能夠減輕痛苦，撫平內心，提起勇氣。不僅如此，

我們甚至會對困境產生好感，高興有它的存在。

如同仁波切說的：「喜歡困境的念頭應當自然而然地生起，就如同喜歡冰淇淋的念頭一樣。」我們都了解，由於經歷了困境，讓引生困境的舊業因而化消了；好比水果成熟，種子就不見了。

如果我們把困境當做挑戰地迎接它，便可能實際運用困境而獲益。困境可望變成一種善巧方便，開發內心令人驚異的潛能。

談到達成凡俗的人生目標，我們會滿心羨慕那些面對極大障礙卻永不屈服的運動員、商人和藝術家。我們明白，實際上幫助他們達成目標的是他們克服障礙的勇氣和毅力，而那本身就是一種善巧方便。

不過，一涉及情緒上的困境，我們可就沒有這樣的勇氣了。

一碰到困境，如刻薄的話語、病痛和虐待，我們便感到被犧牲、憤怒、不安、沮喪。

把這些困境想成可能是好的，似乎有違常理。可是內心若存有業果的觀念，而且從未忘記目標，那麼轉化困境便是發展自己的品德，以及對其他有情敞開心胸的方法。這個方法過去幾千年來一直是西藏佛教徒修行的核心。

業和對個人的經驗負責的觀念，早已深入他們的心中；對他們來說，那是很自然的。這正是為什麼達賴喇嘛尊者和他的子民從1950年以來，在中國共產黨的掌控下，還能夠對他們的苦難泰然處之。

他們不會對壓迫者感到憤怒，他們不交戰，甚至對中共心懷慈悲。

當我們清楚自己的目標是在於實現神奇的潛能和利他的能力，那麼，迎接困境，並將困境轉化為安樂，無疑是達成目標的最佳捷徑。

這是最困難的修行，最激進，卻最有益。

4. 慈悲：服務其他有情

以這種方式來修行，我們一定要敞開心胸，接納其他有情。

我們明白大家都在同一條船上，人人都在經歷宿業的果報，同時在為自己未來的經驗造因。

這包括傷害我們的人。

這本書中有很多信函提到，人們因為受別人宰制而經歷的苦。

仁波切一再規勸大家，我們可以用慈悲心去回報這種傷害。對我們來說，這似乎是匪夷所思的事。其實，就像我們現在受苦是因為自己往昔所造的業；同樣的，他們現在所造的業，也會導致他們將來受苦。那麼，我們又怎麼能夠不對他們慈悲呢？

我們可以看得出來他們在傷害自己，就好比母親看待自己具有破壞力的孩子一樣。

5. 祈請文和咒語

無數的心識已經成就佛陀所說的圓滿正覺，這些心任運自然地遍滿宇宙。怎麼可能還有其他方式呢？心識不是實體的，一旦心識不再受煩惱牽制時，又怎麼可能還會受空間、時間或物質所限制呢？那是不可能的。

這些正覺的心識化現為無數的形相，恆時不斷地饒益其他有情。

我們主要是透過迎請這些佛、持誦祂們的咒語、唸誦祈請文，向祂們祈求等方法，來達成願望、發展品德和克服困境。

發展心性，讓自己成佛，是我們的日常工作。上述這些修行功課，正是快速拉拔我們的助力。

西藏佛教的傳承中，廣泛地提供許多和諸佛有關連的修法，可以回溯到印度釋迦牟尼佛的時代。

仁波切也向弟子推介許多這方面的修法。

書上的建議適合我嗎？

浮泛地讀這本書，或許會覺得信中某些勸言似乎互相矛盾。不過，這就好比某種藥對某人可能是救命丹，對另一個人卻沒有幫助。仁波切是針對來信者個別的情況而提出勸言，所以會因人而異。

要找出書中的建議是否適用於自己，就如同看待佛的開示一樣，我們應當

用心地讀，多加思惟，如果覺得合用，就把運用在自己的生活當中。

請記得：

大部分的信件中，仁波切的弟子都會用比「親愛的喇嘛梭巴」更尊敬的方式來稱呼他。他們的名字和地點都被改過，來信的原文也被濃縮了。本書最後並附有佛教詞彙。完整的英文版祈請文、修法和咒語，可以在fpmt.org/DLZ網頁找得到。仁波切、耶喜喇嘛和其他喇嘛的英文版開示，可以在lamayeshe.com網站找得到。

《親愛的喇嘛梭巴》讓您握有一本珍貴的隨身手冊，教我們如何勇敢地超越可怕的自我感的圍限，開闊心胸，包容其他的有情。

羅賓娜・柯庭（Robina Courtin）

2007年3月於舊金山

釋迦牟尼佛

如何慶生？

• • • • • • • • • • • • • • • • •

親愛的喇嘛梭巴：

　　我們如何以有意義的方式慶祝生日？我對物質的送禮或收禮感到困擾，有時候覺得那好像是一件必須完成的差事。為什麼要基於這樣的感覺而慶生呢？都過了好幾年了，總該讓慶生具有某些意義吧！可否請您開示如何慶祝生日？

至上的祝福和感謝，
朵拉（澳洲—阿得萊德）

• • • • • • • • • • • • • • • • •

親愛的朵拉：

　　有一種慶生的方式是，好比你一直處於十分危險的地方，不過總算保住了性命，簡直是奇蹟！

　　思惟：「從上次生日以來，在過去一年我居然沒有死，真是稀奇！」

　　思惟：「從出生以來，我居然一直活下來，實在了不起，值得慶祝一番。」

　　思惟：「我已經為解脫輪迴以及來世投生善趣造下許多的正因，也做了許多利益其他有情的事情。」

　　這些都值得慶賀，是慶生真正的理由。

　　如果你的生命耗費在無意義或不良善的活動，只是為了成辦自己今生的安樂，那就沒什麼好隨喜的。如果你還是要用那種方式生活下去，就沒有理由慶祝未來。反之，透過了解而下定決心今後要淨除往昔的惡業，並改正自己的行為，那就可以慶生。

梭巴仁波切寫在卡片上的話：
「嗨！所有我最親愛的朋友有情，最慈愛、寶貴者：我是二十世紀的密勒日巴——成道的西藏瑜伽士。我為你們大家歌詠：何以輪迴和涅槃是性空與大樂。我是獲得大樂者。哈！哈！呵！呵！」

生日當天，不妨下定決心發展對一切有情的慈悲心，不僅僅是你所喜歡的人，還包括仇人在內。

研讀佛的聖行和其他人的傳記，但不侷限於佛教徒——他們調伏了內心，降服自我，只想要愛惜其他有情。

發願效法那些人，具有他們的慈悲、慈愛和出離心，毫無瞋心，修持容忍、知足，為許多有情帶來甚多的利益、和平和安樂。如果發那樣的願，你就可能變得和那些偉大的聖者一樣，那麼生日就真的值得慶祝一番了。

許多祝福
喇嘛梭巴

- 如果我把生命用在無意義的活動上，就沒什麼好慶祝的。
- 從今天起，我將淨除惡業。
- 我將效法那些利他的聖者，這樣，我就會有值得慶祝的事了。

要不要有孩子？

. . . .

親愛的喇嘛梭巴：

　　我想請您針對我個人難以決定的事情，給我忠告。我一直在想，有一天應該要有孩子，而現在差不多到了我該決定生或不生孩子的年紀了。

　　我覺得很困惑，一方面身為佛教徒，教養一個孩子或許對世界是好的貢獻；但是另一方面，我擔心自己修行的程度不夠，而無法給孩子良好的示範，這樣反而更糟。

　　仁波切，您認為我怎麼做最好？什麼是最好的考量呢？

愛，

斯特蘭娜（匹茲堡）

. . . .

親愛的斯特蘭娜：

　　為人母者必須為孩子承受很大的艱辛，並且作出許多犧牲。母親生孩子時，必須承受極大痛苦，然後不分日夜都要照顧孩子，清理孩子的大小便，不得休息，要承擔的東西非常多。隨著孩子長大，父母也有諸多麻煩，必須提供衣食和教育。

　　如果孩子對父母的慈愛犧牲有所認知，當作模範來激勵自己，那麼父母所有的工作就有代價了。

　　奉勸大家在生孩子之前，要審慎地計畫。如果父母能夠有這樣的前瞻，所生的孩子便能夠裨益世界。

摯愛與祝福，

喇嘛梭巴

・為了照顧好孩子，母親必須歷盡艱辛。
・樂於為裨益子女而犧牲的父母，堪為激勵人心的模範。

向孩子學習

. . . .

親愛的喇嘛梭巴：

　　我的伴侶和我對於我們新生兒的降臨感到非常高興。我們想讓您知道，或許他可藉此而獲得您的祝福。我們很愛我們的孩子，希望他一輩子都順遂，但是一想到他必須生活在這世上，就令我有些擔心。他必須面對什麼呢？我的伴侶和我會如何影響他的發展呢？我可以為他祈求福報，但我如何能在每天實際的互動中利益他呢？即使是懷有最好的善意，似乎也不一定能帶來好報。

　　我們能夠為孩子做什麼，以促使他發展成一個好人呢？

愛，
艾迪（科羅拉多）

. . . .

摯愛的艾迪：

　　你好嗎？我相信你一定恆時在喜樂中，至極的大樂！希望你、你的伴侶和孩子都很好，希望你和你的佛子在一起過得非常愉快。他好嗎？

我相信你一定每天、恆時從他那兒學到很多東西

　　學到人生、心識、輪迴和輪迴的本質、解脫的重要、涅槃和佛果，學會對所有的有情心懷慈悲，而且懂得有情如何受苦。

　　你的嬰兒──這個寶貴的生命，是千萬位最仁慈、最親愛的有情之一，我們從他們那裡獲得過去、現在、未來的一切安樂、證量和佛果。當然，你的孩子有他自己的業，不過你們兩位身為父母，要負全責把他撫養長大，成為優秀的人，對一切生命充滿悲心，具

有佛法的智慧，內心具足一切可貴的品德，如普世責任感、寬恕、容忍等等。

你可以幫助孩子在菩提道上發展心性，教導他：

不傷害有情，同時要帶給他們安樂。

不僅僅是暫時的安樂，還包括究竟、永恆的安樂——解脫和圓滿佛果。

即使他不可能帶給每一位有情這一切，至少可以避免傷害其他有情，而且可以帶給其他有情某種程度的安樂，那就太好了。你是個很好的人，所以我相信由於你的示範、鼓舞和加持，你的孩子也會很容易成為很好的人。

非常謝謝你！

摯愛與祝福，
喇嘛梭巴

· 我們的工作是把孩子教養成一個好人，充滿悲心和寬容。

養兒不是為了防老

. . . .

親愛的喇嘛梭巴：

　　我先生諾曼和我對於到底要不要有孩子而猶豫不決。一方面，我們擔心養育孩子需要投注的成本、時間和精力，也擔心目前的世局，還有這對我們的生活方式可能意謂的巨大改變。

　　另一方面，我們不知道沒有孩子是否意謂放棄人生的一種喜悅，沒有孩子或替父母添孫子，似乎有點寂寞和自私。我有點害怕（我想我先生也是）到了老年會遺憾沒有孩子，沒有家人在身邊給予我們慰藉。

　　請問您有何建議？

至高祝福，

珍納特（華盛頓特區）

. . . .

親愛的珍納特和諾曼：

　　養育孩子會讓人生變得非常複雜！不過，如果你們的計畫是

1.把人身給予一位尋找人身的有情，而且
2.撫養孩子，讓他或她的生命能夠裨益世人。

　　那就不同了。基於那樣的規畫，你們可以處理得很得當。如果一開始的態度就是按照那樣的計畫行事，那麼物質方面的事情可以設法處理，沒問題的。

　　不過，如果沒有那樣的計畫，那麼有孩子就好比獲得寵物，只是為了自己的歡樂而做的事情，不但無法在世界上增長慈愛、容忍、和平、安樂，反而只會助長貪慾，而且帶給自己和世人更多的麻煩。

　　我認為要不要有孩子的問題，多半取決於孩子可能會有怎樣的
人生。

愛與祝福，
喇嘛梭巴

> ・我有必要知道如何撫養孩子，好讓他的人生能夠裨益其他有情。

為什麼要生孩子？

· ·

親愛的喇嘛梭巴：

我的大家庭一直要我先生和我生小孩，這帶給我們很大的壓力。不用說，有孩子就是一個很大的責任，而我早就看出在一個充斥暴力和貪婪的文化中，教養孩子有多麼困難——即使父母是一番好意。我相當懷疑多添一個孩子到這個世界，是不是最有益，尤其如果這只是為了要讓家人高興。

仁波切，可否請您指點，有孩子是不是一件有利益的事情？如果是，如何教養孩子，讓他成為仁慈而安詳的人呢？謝謝！

祝福，
文瑜（香港）

· ·

親愛的文瑜：

你應當弄清楚，想要有孩子的目的，是為了懷著善心來撫養他。

思惟：「我必須對其他有情慈悲和慷慨，並且具有普世責任感，覺得要對一切有情的安樂負責。」

這樣一來，你的人生將會非常和平、安樂，內心會很有成就感，你的決定將為一切有情、國家、家庭帶來極大安樂。

只要對其他有情慷慨、好心、仁慈，人生所有的好事都會到來——興旺、健康和長壽。只要內心具有這些美德，即使生活貧困，還是會體驗到和平、安樂，內心會感到滿足，而且有成就感。

人生最重要的一種教育，是修習如何轉化內心和行為，而這是一般學校和大學所欠缺的。

　　世界未來的和平、安樂取決於兒童，即使僅有百分之五十的兒童學習轉化他們的心和行為，也極有助於為國家和世界帶來和平。

　　歷史上曾經有些個人要為折磨、殺戮了好幾百萬人負責；反之，你可以看得出來，即使僅僅是一個兒童或一個人發展人類可貴的品德——好心腸，如果那個人擁有影響力或權力，他或她便可能為百萬人帶來極大的和平與安樂。

　　這種教育在學校和家庭都很重要。父母也有必要受這種教育，並且修習善心、慈愛和悲心。他們應當對其他有情仁慈、慷慨，有一份普世責任感——感到自己對一切有情的安樂負有責任。

　　根據我的占卜，你有孩子比沒有好，不過只有微小的利益。

　　每個孩子都有自己的業。他們的人生會如何呈現，取決於過去的業和今生的遭遇。父母對孩子來說，是一個因緣、一個示範，有一份影響。很多孩子仿傚父母的觀念、行為和生活方式，所以父母負有很大的責任。想要有孩子的人，應當意識到這一點。在貿然有小孩之前，他們應當預先考慮這些事情。

摯愛與祝福，
喇嘛梭巴

> ・光是一個人發展善心，就能夠帶給世界甚多和平。
> ・孩子有必要在學校和家庭都受教育，去學習發展善心的利益。
> ・即使是窮困，只要為人慷慨、好心，必將享有和平與安樂。

不孕症

. . . .

親愛的喇嘛梭巴：

　　我已經結婚超過十二年了，但還是沒辦法有小孩。先生和我很相愛，醫生也檢查過了。西醫說我的身體沒問題，中醫說我的體質較寒，所以我一直在吃中藥治療。我想調整好身體的毛病之後，自然就會懷孕了。

　　請您幫助我了解，為什麼孩子不來找我們呢？

愛和多謝，
辛提亞（台灣）

. . . .

親愛的辛提亞：

　　除了身體狀況之外，還有業的問題。你無法受孕，是因為過去沒有造下得子的業——那是一種意念、意圖、心理現象。一切都取決於業，整個世界的存在都取決於過去所造的因。即使是生理因素，都只是一個助緣。調養身體還不夠，你需要有得子的業。

　　還有，被你生出來的孩子也要有那樣的業。通常一個家庭的聚合，是基於過去所造的業。

瞻巴拉財神

　　1.在你的家裡裡放一尊瞻巴拉，或許不錯，因為祂是大悲佛觀音的化身。

　　2.你有必要做一個寶瓶。

　　3.把瞻巴拉像放在寶瓶裡，同時放許多珠寶、寶物和藥。寶瓶和本尊都需要加持。

　　4.然後，祈求瞻巴拉賜給你一個孩子。每天這樣祈求，做一段時間看看。

　　5.西藏人常做的另外一件事是，捐款請寺院修綠度母。

　　你不妨先從這些事開始做起。如果六個月之內還沒有懷孕的話，還有很多其他技巧可以去探究。

愛與祝福，

喇嘛梭巴

占星術

. . . .

親愛的喇嘛梭巴：

我想知道自己能夠做什麼，以確保懷孕時不會有障礙，譬如生下畸形兒？這有可能做到嗎？

愛和多謝，
瑪莉（雪梨）

. . . .

親愛的瑪莉：

因為我們沒有一切種智，也沒有神通，所以我們可能要請教具格的占星家來做某些決定。在你決定懷孕之前，可以用占星術檢查四件事：

1.身和：這是指你和伴侶的身體是否和諧。如果不和諧，所生的小孩可能會畸形或活不久。

2.權和：如果這方面不錯，你們的事業會很成功。

3.命和：如果這方面不好，你和伴侶只會短暫地在一起。

4.運和：如果這方面是正向的，你們會有好運。

檢查這四件事是否和諧很重要。萬一不和諧，而你還是想和伴侶有小孩，那麼占星術有方法幫忙避免諸如所生的小孩生病或畸形等不好的下場。

一般來說，開始做任何重大的努力之前，為了自己的安全，也為了避免艱辛困難或太受苦，最好請西藏或中國的占星專家檢查這四件事。

摯愛與祝福，
喇嘛梭巴

我應該墮胎嗎？

. . . .

親愛的喇嘛梭巴：

　　我目前懷有身孕，但是只有一點點錢，男朋友也離開我了，我不確定自己是否已經準備好把孩子生下來，甚至不知道是否能夠照顧他。我才二十歲，對我來說，目前很多事情都還很艱困、很瘋狂，我不知道該怎麼辦才好？

　　我考慮墮胎，因為我不認為自己可以給孩子過應有的生活。我知道墮胎不好，但我不確定此時此刻還能夠怎麼做。請讓我知道怎麼做最好。

愛，
莫莉莎（維吉尼亞州）

. . . .

親愛的莫莉莎：

　　選擇認養比墮胎還好，除非胎兒有嚴重的疾病或將承受劇苦。即便是那樣，那種苦都不能和地獄之苦相比。生在人界，即使是一天都好。

　　墮胎會讓自己短壽，那是殺生的果報之一。

　　殺生的惡果還包括感染許多疾病，甚至連食物都可能對你造成傷害。此外，墮胎也會令胎兒非常痛苦。

　　如果胎兒將會有更好的轉生或者往生淨土，那麼就比這個生命好。可是我們並不知道未來會發生什麼事，所以比起其他更糟糕的惡道，在人界要好太多了。

摯愛與祝福，
喇嘛梭巴

· 選擇認養比墮胎好。
· 生在人界，即使是一天都比較好。

胎兒殘缺，可以墮胎嗎？

· · · · · · · · · · · · · · · · ·

親愛的喇嘛梭巴：

　　我已經懷有身孕，但我很震驚的知道，胎兒的身體似乎有很嚴重的毛病。我不知道該怎麼辦。可以墮胎嗎？如果把孩子生下來，再讓他受苦，不是一件很殘忍的事嗎？

愛和謝，

瑪莉（巴黎）

· · · · · · · · · · · · · · · · ·

親愛的瑪莉：

　　所有的有情都希求安樂，不想要受苦，這是他們的願望，甚至在胎中也一樣。在決定怎麼做之前，

> 重要的是，知道孩子的下輩子是否會比生下來殘缺更好？如果你確定孩子的來生會更好，就可以選擇。
> 不過，或許孩子將轉生地獄，而那裡的苦超過人間可以想像得到的任何苦一千倍。

　　如果我們不知道孩子會轉生到哪裡，父母最好讓孩子活下來，不要去墮胎。

> 思惟：「這是我的業，是我往昔的業債。這個孩子過去照顧我，多次做過我的父母、朋友，所以來向我投胎。」

　　你們之間有一份業緣，現在輪到你來照顧孩子，提供服務，回報他的慈恩。提供服務時，重要的是，不要想：「這是我的孩子」，而是思惟孩子是一位希求安樂、不欲受苦的有情。這種想

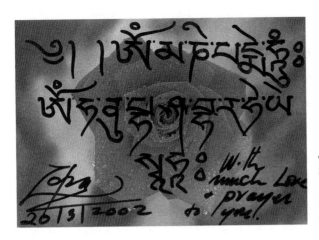

梭巴仁波切手書的兩個咒語：
「唵嘛呢唄美吽」和「嗡哈奴巴哈夏巴哈饒嘿耶梭哈」（淨十萬劫惡業咒）

法會令你獲得過去、現在和未來的一切安樂，對你來說，這個孩子會變得就像如意寶般，十分珍貴。總之，本著這種心態，在孩子活著的時候，照顧他。即使孩子沒有機能，無藥可救，也是他的業。不過，你還是可以對孩子大有裨益。

1.你可以抱著孩子繞行佛塔、佛像或佛典，這會大為淨化並利益孩子，大幅淨除惡業並累積功德。你可以在家裡擺設一張桌子，放滿聖物，諸如佛像、佛塔和佛典，然後繞行桌子。

2.你也可以藉由持咒來淨除惡業並種下善習氣，造下解脫和成佛的因，以及菩提道上直至成佛的一切證量。就這樣，你利益孩子，讓他得以造功德，成辦更高的轉世，值遇佛法和圓滿具格的大乘上師，因而能夠了解大乘教法、成道、終止輪迴，乃至成就佛果。由此可見，你每天都可以裨益孩子甚多。

即使孩子的生命沒有多大希望，你可以祈求，為他獲得更好的來世做準備。

3.你可以每天唸誦心經、菩提道次第祈願文並持咒，讓你的孩

子聽得到，這樣一來，孩子聽到教法，就相當於你每天都為他種下成佛的種子。以這種方式思惟長遠的利益——來生的安樂，尤其是究竟的利益——佛果。

當然你可以嘗試其他任何可能對孩子有幫助的方法，萬一什麼都沒有效，這些修持對孩子會有裨益，讓孩子解脫輪迴，免除更惡劣的苦，並消除受苦的業。

如果你思惟孩子不是「你的」孩子，而是一位有情，這會令你非常快樂。你知道這位有情往昔無數次照顧過你，曾經是你的父母，而今他幫助你成辦過去、現在和未來的一切安樂，包括佛果。這個孩子激勵你提供服務，為他造功德，這樣一來，你會覺得那其實是最好的事，完全不會覺得辛苦，反而滿心歡喜地為孩子提供服務，裨益他，因為那讓你有機會救度這位有情解脫輪迴，帶領他成就佛果。

摯愛與祝福，

喇嘛梭巴

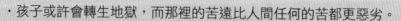

- 孩子或許會轉生地獄，而那裡的苦遠比人間任何的苦都更惡劣。
- 甚至孩子在胎中都有辦法幫助他。
- 我必須思惟長遠的利益——來世的安樂，尤其是究竟的利益——佛果。

拔掉幼兒的維生器？

. . . .

親愛的喇嘛梭巴：

我們的孩子是末期病人，需靠定時復甦術防止心跳遽停來維生。我們已經向法院請求裁定，當下一次發生緊急狀況時，醫院是否應該救他。但是我們真的還不知道該怎麼做最好，請您幫我們決定。

十分感謝，
巴比（墨爾本）

. . . .

親愛的巴比：

這種決定完全要看孩子下輩子到底會投生到惡趣或善趣。如果孩子下輩子會受更大的苦，那麼甚至讓他多活一小時都比較好；倘若他來世將投生到天界，讓他走就沒關係。

我們如何決定呢？我建議學員在這種狀況下，

1.本著極大的信心，向度母祈求。

2.然後把每一種可能的答案寫在一張紙上，把這張紙捲得很緊，放在一個碗裡面搖一搖。

3.揀出其中一張紙。

4.照著上面的建議去做。

最重要的是必須寫下每一種可能的方案，而且要有十足的信心，不管答案是什麼，都是正確的，這樣，你們就不必承擔那個決定的業。既然我們無法自己做決定，就必須向更高層次的有情求助。

愛與祝福，
喇嘛梭巴

‧如果我沒有辦法自己做決定，就必須向更高層次的有情求助。

唐氏症嬰兒

. . . .

親愛的喇嘛梭巴：

　　我目前正在待產中，醫生告訴我，我的小孩可能患有唐氏症，會有嚴重的心智缺陷。我不知道該如何是好？先生和我仍處於很震驚的狀態。是不是最好把孩子生下來？孩子有可能在子宮內轉變嗎？仁波切，請給我們指示。

摯愛，
莎莉（奧克蘭）

. . . .

摯愛的莎莉：

　　非常謝謝你的電子郵件。

　　根據我的占卜，嬰兒可能死於胎中，所以現在你必須開始修法。對你最好的是堅定地修觀音法門，同時持誦中軌的觀音咒。

1. 觀想觀音清晰地在你的頭頂，從觀音的心中或千手流出甘露，進入你的身體，尤其是進入嬰兒的身心，淨化他不圓滿的器官和感官。
2. 觀想：惡業和無明障以污水的形相排出嬰兒的身體，疾病以膿血的形相排出來，魑魅傷害以蛇、青蛙和蠍子的形相排出來；主要專注在惡業被淨除了。
3. 思惟：「我的孩子徹底淨除一切惡業、漏垢、魑魅傷害和疾病。」
4. 接著觀想：觀音放出白光，照射六道，徹底淨化所有的有情。

　　不管你的孩子存活或死亡，最重要的是透過淨障來改善他的生

梭巴仁波切手書的咒語——大
悲佛（觀音）的（六字大明）
咒：唵嘛呢唄美吽

命，讓他獲得圓滿的人身，修行佛法，證道而解脫、成佛。

　　這是最要緊的事，而且當孩子還在胎中就可能發生——惡業可以被淨除，嬰兒的身體可能轉變，而沒有殘缺。

　　勇猛精進地修法，禪修淨除孩子的惡業，轉變他的業，他就不必受苦，尤其是在今生。

　　不管做什麼事，請本著幫助其他有情的善心去做。

摯愛與祝福，
喇嘛梭巴

・不管我做什麼事，都要本著善心去做。

女兒天生失明

. . . .

親愛的喇嘛梭巴：

我寫這封信是希望您能給我們指示，我們會將您的話謹記在心。我的妻子最近生了一個小女孩，天生失明，而且身體有些殘缺，現在大約三個月大了。起初我們想她可能會慢慢好轉，但現在看來似乎不可能。

我們非常憂傷，情況似乎非常困難，甚至不公平，雖然我知道這是幼稚的想法。不過，一想到未來，我還是禁不住感到懊惱、絕望。她會永遠這樣嗎？當然，我們想要愛我們的孩子，盡力幫助她，所以我們真的在設法接受這個情況。困難在於，到底要如何接受並看待這件事呢？

為什麼會發生這樣的事？我們應當如何考量這個情況，才能夠處之泰然？您所賜予我們的任何建議，對我們都有莫大的幫助。

愛，

吉勒斯和伊葳特（法國，土魯斯）

. . . .

摯愛的吉勒斯和伊葳特：

你們兩位應當想一想其他許多孩子的處境——許多孩子有更大的困境，譬如連體嬰或其他嚴重的畸形，很多家庭必須經歷比你們更困難的處境。我的意思是，你們不應當認為只有自己處在這種狀況，而要花一些時間深思其他許多父母的處境比你們更艱難。

在這裡，我會設法幫助你們了解，如何考量和看待自己的處境。你們應當非常感激佛陀／上帝。

思惟：「佛陀／上帝賜給我們這個小孩，讓我們照顧她，幫助我們逐步修行，淨除我們往昔所積造的惡業。」

思惟：「這是佛陀的禮物，幫助我們淨除如海的惡業。佛陀賜給我這個禮物，讓我的修行有所進展，臻至圓滿正覺的佛果和無與倫比的安樂。」

思惟：「我們的孩子是無數諸佛菩薩聖眾所愛惜者。」

每一秒鐘都有非常多的菩薩積集廣大的功德並證道，以便饒益每一位有情，包括你的孩子。許許多多尊佛為了利益眾生，包括你的孩子在內，而圓滿（福慧）兩種資糧，證得佛的二身（法身和色身）。有非常多的佛菩薩，包括本師釋迦牟尼佛，以三大阿僧祇劫的時間犧牲生命，例如做國王時，他捨棄家庭和財產。他們之所以實證兩種資糧，主要是為了一切有情，包括你的孩子在內。有許許多多尊佛都有類似的經歷，最後都成就正覺，以便饒益一切有情，包括你的孩子在內。

因此，你們每天為孩子服務，就是對一切諸佛菩薩最好的供養；這是為一切諸佛所做的最佳薈供。你們兩位應當本著這份正知，在這個基礎上服務你們的孩子。

思惟：「我們的孩子令我們的生命非常充實、有意義，帶來很大的滿足。」

你應當發願利益一切有情，令無數的有情解脫輪迴之苦，帶領他們臻至佛果。

當然，這不是指你不應當為孩子嘗試不同的療法。我並不是那個意思。

你可以嘗試用許多不同的方法來治療她：傳統療法和另類療法。不僅是在醫院，其他地方還有許多不同的治療師，你不妨同時尋求不同的方法，看看是否有任何方法可以幫助她，這樣，你會覺

喇嘛梭巴仁波切和法友的女兒美樂蒂、兒子克禮思合影。法友說美樂蒂和仁波切特別有緣，從小就告訴媽媽，仁波切才是她真正的母親。

得自己已經做過所有的嘗試。

我很高興聽到你們兩位都想要接受現況。這很重要，因為你們的孩子今生以這種方式被你們生下來，是由於你們和孩子雙方過去的業所致。

惡業並非固有存在，不過它是過去世由心造下錯誤的行為所形成的。通常惡業被造下時，當事人並不知道自己造業的果報。或許造業當時的目的是為了獲得安樂，不過造業的動機是自私心、無明、貪心、瞋心，基於這種心態所造的業變成惡業，果報是苦，結果可能就像這樣被生下來。

總之，你的孩子被你們生下來，是來自雙方的業。不過這個業不是永恆的，不會持久，只是很短暫的情況。你們不應當以為那是永恆的，因為一旦死亡來臨，生命就像一場夢般消逝了，你們為未來所做的一切計畫也都消逝了。

現在最好記住這一點，這有助於讓你們了解，現況、今生、有

這個孩子，這一切隨時都可能會結束。

　　這是很豁達、積極的思惟方式。你的孩子示現這種形相，像這樣被生下來，對你們來說，也是一種開示──如果不修行佛法，捨棄惡業，將來我們都可能會像這樣被生下來。你們的孩子是在告訴大家這一點。

摯愛與祝福，
喇嘛梭巴

・業不是永恆的，而是暫時的。
・我們的孩子是禮物，是在教導我們。
・我們必須捨棄惡業，否則將來也有可能像這樣被生下來。

健康問題

親愛的喇嘛梭巴

我要戒菸

. . . .

親愛的喇嘛梭巴：

我有必要戒菸，但是如何才能夠找到力量呢？我試過很多次，也已經少抽了，但是我還是覺得戒菸很難，我不知道該怎麼辦？我的伴侶也抽菸，有時候我們一起到外面抽根菸，真是交誼的好時光！不過，我知道抽菸有害身心。抽菸已經成為我的一種老習慣，我的生命有很多時光都隨著抽菸的片段而消磨掉了。您可以指示我如何一勞永逸地徹底戒菸嗎？

祝福，

丹妮斯（倫敦）

. . . .

親愛的丹妮斯：

我很高興你已經減少抽菸了，因為那對你的身體和生命都非常有害，會縮短你的壽命，也會造成癌症。佛教的教法和世俗的生活中都談到抽菸有害，而且非常可厭。

教法中談到香菸所使用的材料是不清淨的，邪惡的眾生造成那些物質生長，妨礙人們修善，令人心墮落、造下惡業，因而無法擺脫煩惱。

有一次我看到因為抽菸而死於肺癌的女屍，她的肺是藍黑色的。有一位來自達蘭薩拉的藏醫，把她一顆肺拿給我看。如果你再不戒菸，就可能會有那樣的下場。

抽菸也會讓不抽菸的人不得安樂。

抽菸污染你的全身，令你的身體不清淨，還會傷害你的細分

身。抽菸會使你難以生起善念，而且很難擺脫貪慾。抽菸只會帶來短暫的歡樂，如此而已；你死的時候，並無法從抽菸帶走絲毫利益。抽菸無法讓你倖免於苦，也無法幫助你下輩子轉生善趣。

思惟：「我正在設法戰勝煩惱，尤其是貪慾；我要成為贏家，為此，我必須更堅強。」

有些人窮其一生都為了參加奧運而受訓，由於他們懷著非常強烈的執著，萬一不成功，他們所受的苦簡直令人難以置信。你正在設法戰勝煩惱，尤其是戰勝你的貪慾，成為贏家。如果你能夠戒菸，戰勝煩惱這個敵人，那就太了不起了！

不隨順煩惱還能夠讓你獲得解脫，幫助你成就佛果。每次戒菸，就是造下證悟菩提道的正因。擊潰煩惱，尤其是貪慾，將使你得以令無數有情解脫輪迴長劫之苦，帶領他們達到圓滿正覺的佛果。有什麼比這個更好的奧運？有什麼比這個更好的贏家？

這樣一來，你將成為一切有情之中最有名的人，不僅是聞名於一個國家、一個世界，而是成佛，聞名於一切有情。每天你都要有勇氣，要勇敢！

還有，你不必事事都隨順你的男朋友。你的心並不是他的，你必須為自己的安樂負責。

摯愛與祝福
喇嘛梭巴

- 抽菸使我難以生起善念。
- 每次戒菸，就是造下證悟菩提道的正因。
- 我要為自己的安樂負責。

女兒的毒癮

. . . .

親愛的喇嘛梭巴：

我擔心女兒的人生，因為她已經染上毒癮，並且斷斷續續很多年了。一開始是在她父親去世之後，我想她大概無法面對喪親之痛。我現在是她唯一的精神支柱，很想幫助她，但不知道該怎麼做。她有很多朋友都吸毒，整個生活重心都環繞著毒品文化。雖然她已經幾次暫時克服了毒癮，但是我可以看出她的困境，也了解為什麼她很難放棄吸毒的生活。請問：我能夠做什麼事來幫助她？

愛，

蜜雪兒（北卡羅萊納州）

. . . .

親愛的蜜雪兒：

就吸毒來說，我做過占卜的結果是，以下幾件事對你的女兒很好：

1.去尼泊爾柯磐寺參加禪修課程。

為了裨益她的心，

2.她應當觀照自己的內在，以便了知如何改善自己的生活品質。

這將激勵她賦予人生若干意義。她需要一個環境，和她在一起的人會保護她，不涉及吸毒這些事。

3.她應當遠離和毒品有關連的人，不要和他們為伍。

她可以對他們寄予悲憫和慈愛，但不要變成朋友。她應當和他們實際保持距離，那也有助於防止她染上愛滋病。

4.她應當打從內心真正下定決心，挑戰自己對吸毒之樂的貪執。她
　應當下定決心克服，就像要上戰場，設法打敗敵人。

就好比在拳擊賽中要設法擊敗對手，在此，你要打敗自己的念
頭——令生活墮落、無意義、病態的貪慾，造成自己因為貪圖吸毒
之樂而摧毀生命。

僧眾是能夠這樣保護她的最好朋友。

5.她最好能夠和尼眾在一起，否則女性的在家人也可以。

最起碼他們應當不吸毒，最好精進修行、持戒謹嚴、過清淨的
生活。如果她能夠和這種朋友在一起，便會得到他們的保護。

這種問題需要花長時間來解決，而不是一個月就能夠解決得了的。

6.她需要留在一個地方，在那裡，她長時間找不到毒品，這將是最
　上策。她必須一直留到她打從內心勇猛地下定決心捨棄毒品，對
　毒品感到徹底厭惡，並且想要幫助自己和其他人。

如果她想要和一個男人住在一起，這也無妨。不過，如果她想
要活得長壽、健康，就應當小心行事。如果決定和男人住，必須長
期審慎地觀察、調查那個人。最好找可以保護她的男人，心腸好、
持戒謹嚴、過清淨的生活。這個人最好修行佛法，尤其是修大乘佛
法。如果他能夠這樣輔助她，是最好不過了。

因為她是女性，所以一般來說，我認為她最好和尼眾或具有上
述品德的女性在家人在一起。

7.或許最好告訴她，她的一生可以提供其他無數有情甚多的安樂：
　今生的安樂、來生的安樂，乃至成佛的至高安樂。

她可以為其他有情，當然也是為自己，去做許多不可思議、善妙、美好的事情。

然而，我們卻徹底毀滅這個可能性——我們讓自己的生命變得完全無意義，只是隨順慾望和自我愛惜，只想到自己的安樂和享受。一味地貪執今生和感官的慾樂，遏止了我們發展心性。我們讓自己無法了悟內心究竟的本質——佛的潛能或佛性，這使我們無法看到自己好的一面，妨礙了我們心性的發展，阻塞我們的修行、成佛之道。因為我們往昔以來有太多的積習，所以這並非易事。

總之，這個問題需要由兩方面來解決：

1.首先是必須學習佛法，藉由禪修並發展出離心來控制貪慾。這意謂給予自己自由，遠離敵人——貪慾的牢獄。這不僅可以免除她服毒的問題，而且有助於帶來後世的安樂。

2.其次是環境因素。她周遭的人素質如何，將關係重大。

這極為重要，必須馬上去做，因為死亡隨時會來臨。主要也是基於這個理由，所以我們必須成辦永恆的安樂，徹底解脫輪迴和一切苦。利他是成佛的基礎。禪修的好處不僅是為了停止吸毒。

吸毒只是一個例子。其他還有很多我們可能耽溺的習慣，譬如邪淫，為我們的生命帶來許多困境，而且障礙我們在修行之道上發展心性，不僅讓我們一直製造麻煩，而且往往會令我們困在其中，就好比陷入流沙，一輩子都無法脫身，最後，我們會死在流沙中，悲慘地結束生命，甚至無法為自己成辦絲毫的滿足、安樂或內心的安詳。

此外，如果我們無法在修行道上發展心性，就不可能利益其他有情。所謂「修行道」，是指以出離心、菩提心和空性發展心性。另外還有密續道。除了無法提供深刻的利益，甚至也沒辦法在日常

生活的小事上運用身、語、意提供些微的利益，因為自我愛惜的想法阻止我們那麼做——自我甚至不容許我們那麼做。

因為我們的心非常脆弱，雖然熟知禪修的技巧，也懂得教理，並不表示馬上可以學以致用或者內心立刻會變得堅強。那需要時間，而且我們可能錯失許多學以致用的機會。因此，受正當的環境保護非常重要，如果我們和好的修行人在一起，人生就會受到他們的守護。

之後，一旦我們的心穩定而堅強地徹底捨離這一切，就無所謂了。即使和吸毒的人住在一起，我們也絲毫不會感興趣。

我們將不再涉入那些事情。一旦我們具足穩固的出離心、菩提心和空性慧的證量，即使是混在人群之中，在某個機構工作，服務他人，我們的工作都不至於形成令自己和他人困惑的因。由於我們的服務和方向都非常明確，所以我們的工作不會沾染貪、瞋或自我。只要心是神聖的，做的就是神聖的工作、神聖的服務，對我們不會造成危險，對其他有情也不會造成威脅。許多人一旦和人群在一起生活，為他人工作，所會經歷到的困境，我們都完全免除了。

如果和我們住在一起的是我提到的那種良友——堅強的修行者，持守戒律、守護業、下很多工夫修行、懂得佛法、過清淨的生活，那麼，我們也會變得像那些朋友一樣，過比較好的生活。反之，如果結交惡友，我們也會變得像他們一樣。那是因為我們是凡夫，無法控制自己的心，又沒有穩定的證量，所以會受到環境所影響。在日常生活中沒有禪修菩提道次第，就會受制於環境、周遭的人等等。即使是獨處，也會受自己的幻覺所主宰。

當我們不禪修，無常的現象就會顯得恆常，而我們會信以為真；互相依存的東西顯得各自獨立、固有存在，我們也會信以為

真。我們就是這樣淹沒在外在的人事物和自己的幻覺之中。因此，正當的環境對我們的生命，是很重要的一大保護。

摯愛與祝福，

喇嘛梭巴

· 當我們不禪修時，無常的現象會顯得恆常，而且我們會信以為真；互相依存的東西顯得各自獨立、固有存在，我們也會信以為真。

· 合宜的環境非常重要。

· 隨順自我愛惜令我們的生命毫無意義。

· 如果我們和益友生活在一起，也會變得像他們一樣，過比較好的生活。

皮膚癌

. . . .

親愛的喇嘛梭巴：

　　我剛發現腿上有皮膚癌，現在正在接受醫生治療，希望不會擴散。同時，或許您可以建議我修一些法，好讓我從自己這方面來做，並有助於療癒。我已經唸誦了許多藥師佛和金剛薩埵的咒語，不過，也許還有其他特別的功課會有幫助。

愛，

凱娣（聖塔菲）

. . . .

非常摯愛的滿願，凱娣：

　　很遺憾聽到你的病訊。相信那可能是惡業的化現，化解投生地獄多劫的惡業。你的惡業化現為皮膚癌，是一大成功和成就。因為你將不必經歷惡趣諸多的苦，所以是一大成就。

　　以下是我建議你修的法：

1. 依照曆算的日子，在和龍有關的特定日子，修龍煙供和龍食子，至少一個月，最好是做兩個月。
2. 每天持誦黑文殊咒一圈念珠，然後在皮膚癌的患部上面吹氣。
3. 修金剛瑜伽母時，觀想自己是金剛瑜伽母，一面持咒，一面在皮膚癌患部上吹氣，並思惟皮膚癌乃至你的煩惱和惡業都被驅除、淨化了。
4. 還有，要設法運用罹患皮膚癌的經驗，發展菩提心；代表一切有情經歷它，讓他們獲得你直至成佛的一切安樂。把皮膚癌布施給自我愛惜的思想，並修隨喜。
5. 最好能夠做四次千手觀音禁飲食齋。如果你不能夠做禮拜也無妨，

可以合掌，觀想自己在做禮拜。

運用皮膚癌來利益一切有情，把這當成一種手段，以救度一切有情脫離輪迴之苦的汪洋大海，帶領他們成佛，這是你發展菩提心之道。

修法和做其他功課時，我會惦記著你。

挚愛與祝福，
喇嘛梭巴

· 我要設法運用得皮膚癌的經驗，發展菩提心；代表一切有情經歷它，讓他們獲得我直至成佛的一切安樂。

乳癌

. . . .

親愛的喇嘛梭巴：

　　我的胸部有腫塊已經一陣子了，最後終於去做檢查。不幸地，醫生告訴我，這的確是惡性腫瘤。我很害怕，不過自覺還足夠堅強去面對自己，而且認真修行，幫助自己痊癒。墨西哥這裡有許多信心療癒師，但我想遵照您的指示修行。請您給我一個法門，讓我能夠覺得自己在做積極的事，有助於恢復健康。

感恩您，

璜妮塔（墨西哥城）

. . . .

摯愛的璜妮塔：

　　非常謝謝你的慈函。根據我的占卜，

　　你最好每天持五圈念珠的藥師佛咒，這將淨除惡業，幫助你永遠不墮惡趣。

　　藥師佛說過，甚至是畜生聽到祂的咒，都將永不墮惡趣。如果不淨除惡業，將會墮入惡趣──地獄、餓鬼或畜生，而且必須永無止境地一再受苦。所以，你現在有必要淨除惡業。

　　如果連癌症都無法忍受，又怎麼可能忍受惡趣的苦？在惡趣的眾生必須受苦的時間之久，簡直難以思量。

　　藥師佛咒讓你免於經歷這一切，遠比遍滿廣大虛空的黃金、鑽石和如意寶更加珍貴。這種財富無法淨除惡業，根本不算什麼。

　　相較之下，唸一遍藥師佛咒要可貴得多了，因為它在你的內心

留下整個菩提道的習氣，幫助你獲得菩提道的證量，息除所有粗分和細分的染垢，使你得以成就佛果。你可以憑藉藥師佛咒，令無數的有情解脫。

　　香港有一位弟子每天修藥師法。她曾經動過腦部大手術，手術期間，她實際見到藥師佛。而她的康復可算是奇蹟，因為那是非常危險的手術，她能夠活過來，讓大家都非常驚訝。藥師佛在照顧她。

　　還有，台灣有一個人，並不是佛教徒，他完全無法動彈，也沒有人幫他忙。當時他非常需要吃藥，而他的藥放在浴室裡。在他身旁是一尊藥師佛像，當他轉過頭來，看到藥師佛像居然托著他的藥，讓他能夠吃到藥。之後，他往生了，死的時候，雙手當胸合掌，結禮拜印，表示他記得藥師佛而平靜地死去。

　　我也會為你祈福。

摯愛與祝福，

喇嘛梭巴

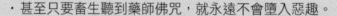

・甚至只要畜生聽到藥師佛咒，就永遠不會墮入惡趣。
・如果不淨除惡業，將會墮入惡趣，所以現在我有必要淨除惡業。
・憑藉藥師佛咒，我可以救拔有情離苦，並帶領他們成就佛果。

C型肝炎的療方？

. . . .

親愛的喇嘛梭巴：

　　我寫信給您，是因為聽說西藏喇嘛有能力治療慢性病。我不知道這些傳聞是否屬實，但我想請求您的幫忙。我現年三十五歲，最近被診斷出得了C型肝炎，這個病在我的餘生都會跟著我，這真是令人震驚。請問您可否用某種療法幫我治病？

多謝，

凱斯（布里斯班）

. . . .

親愛的凱斯：

　　除非你的心態是為了服務其他有情，否則與其要求把病治好的療法，不如要求做有益的修行。在這種情況下，把你的病治好就變得有意義，因為那是為了幫助其他有情而做的。

　　如果你想使病情好轉，是為了止息煩惱，以便有資格救度其他有情，並帶領他們成佛，就有必要得到指點；否則，把病治好只是著眼於成辦今生的安樂，這種動機的行為可能是不善的，此即意謂多年來所有的醫療費用和努力都是不道德的，會導致苦，不僅是病痛，將來還會承受更多苦。

　　正常的修行是淨除自己的惡業和煩惱，以便幫助其他有情尋求長遠的利益。

摯愛與祝福，

喇嘛梭巴

・我應當為了利他，而想要使病情好轉。

多發性硬化症

……住在加拿大的年輕女學員珊蒂，罹患多發性硬化症多年，病情很嚴重。仁波切給她很多指示。以下是她寫給仁波切的一封信。

· · · · · · · · · · · · · · · · ·

親愛的梭巴仁波切尊者：

祈願您安好，所有的願望都能夠實現。我懷著極大的喜悅和仰慕，讀到您所有偉大的作品和專案計畫，感謝您。

現在，我終於得以寫信感謝您仁慈地指示我，如何為我的健康修法，還有幾個月前所惠贈莊嚴的佛像。

佛像、擦擦（小佛像）和藥師佛像都非常莊嚴，但願我能為這些佛像做合宜的供養。

言語不足以表達我對於您的感激。由於您和許多人所做的一切，讓我覺得自己很有希望多少可以從這個病康復。

住在佛羅里達州的袞卻洽布格西，很仁慈地幫助我做您所建議的修法，他寄來做廣大供養的照片。我繼續持金剛鎧甲咒和其他一些您建議的修行。在我大多時間所待的床旁邊的牆做供養，是一大樂事，而且（當我記得）想像在此有一扇通往琉璃淨土之門，真的很好。

不幸的，我的健康狀況還是不允許我隨心所欲地做很多供養，也無法都由自己親自去做。不過我有幫手，通常母親會幫我做一些；湯姆如果方便的話，也會幫我多做很多。年初湯姆失業大約一個月，這其實很好，讓我們能夠做許多水供。我希望自己的健康狀況能夠改善到足以讓我親自做很多供養，在那之前，我很感激有人幫忙。

我非常感激您指示我修的法，我發現這很有幫助。雖然我的心渾沌又無知，卻非常幸運能夠得到您仁慈的指點。

您建議的所有咒語都非常有幫助，特別是紅葉衣佛母。我發覺它很

有力量。

儘管我的狀況很糟,但這些咒語和我所閱讀的佛法,尤其是您的《究竟的康復》(*Ultimate Healing*)一書,猶如清涼的水舒解我內心的烈火,一再地在我無助的時刻挽救我。

我全心全意地祈願自己今後不再是這麼無助的弟子,願我能夠盡量為佛法效命。請您加持我得以如願。

您建議我做的靈氣療法也很有幫助。湯姆學了以後,有好幾次用來遏止我的狀況更加惡化。

八月您會到佛蒙特,屆時我如果無法去見您,將會非常哀傷。湯姆也盼望去聽您說法。我懷著希望祈求不久之後能夠見到您。

我非常精進地祈禱您健康,而且非常、非常長壽,願您所有的聖願都圓滿。

獻上感謝、愛和祝禱,
珊蒂(安大略)

註:

我的健康已經改善很多,可以更容易地走動,內心不再像從前那麼渾沌,體內很多奇怪的感覺消失了,不過臉部還是繃得很緊,不過大部分時間已經不覺得那麼累了。

由於這場病的關係,以前我認為活著不能沒有的東西,譬如常常和朋友在一起、吃美好精緻的食物、外出等等,都不得不放棄。我希望自己夠聰明,從中得到教訓。

我也希望沒有寫得太囉唆。

滿懷愛和敬意,謝謝您!
珊蒂(安大略)

愛滋病毒不見了！

· ·

親愛的喇嘛梭巴：

2003年，我因愛滋病相關的肺炎和嘔吐而住院。我十七歲時吸食海洛因而感染了愛滋病毒，不過病毒一直潛伏著，直到1996年感染肺炎才發作。我接受多重藥物治療，一天吃二十顆藥，但是病情卻惡化到白淋巴球的指數為零。

我住院時，曾經寫信請您指點應當修什麼法。您回信指示我要修一些法，我都照做了。

六個月之後，我去醫生那裡複診，居然測不到愛滋病毒，白淋巴球指數也回升到300，醫生說我不必再服藥了。我寫信給您，是要向您報告我痊癒了，同時對於您的救命之恩，致上我最深的謝意。

至深的感恩和依止，

珍（雪梨）

· ·

摯愛的珍：

非常謝謝你貼心的信和禮物。我好高興得知你痊癒了，真是太好了！因為人身非常寶貴，只因過去世戒行清淨，才能夠成就這個人身。

現在你擁有寶貴的人身，遠比如意寶更有價值。擁有八暇十滿的人身，讓你得以隨心所欲地修行佛法，簡直像一場夢、一個奇蹟！

你可以修：

1.小乘以成就永恆的安樂，解脫輪迴。

2.菩薩所修的波羅蜜多乘，以成就圓滿佛果，救拔無數有情解脫輪
　迴的苦海，帶領他們成佛。

3.密乘讓你得以幫助其他有情更迅速成佛。

這些是享有長壽和寶貴人身最重要的理由。

如今你每天都可以種下整個菩提道的種子。長壽讓你有機會實
證佛道，至少也會在你內心留下整個佛道的習氣，這些都將造因，
讓你得以成佛，從而饒益其他有情，帶領他們成佛。

從此，你可以運用餘生修行佛法。

請隨時來信。

摯愛與祝福

喇嘛梭巴

……一年之後，珍仍很健康。

・我必須運用寶貴的人身利益其他有情，並成就佛果。

染上愛滋病，怎麼辦？

．．．．．．．．．．．．．．．．．．．．．．．．．．．．．

親愛的喇嘛梭巴：

　　我剛得知自己染上愛滋病，感到很害怕。我不想死，而且不敢相信這種事會發生在我身上。我了解大家終究會死，但是就是不曾想過自己會死，直到發生這件事。

　　仁波切，我最近一直沒有好好的修行，現在得了這種病，我覺得自己必須再恢復修行。不管您建議我修什麼法，我都樂於照辦。聽説有些愛滋病患藉由修法和服用藏藥而痊癒。我不想有任何虛妄的希望，不過，您是否認為我有好轉的機會？

　　我設法懷著轉化困境的心態，不過很難做到。

誠摯的祈求，

嘉威爾（德州）

．．．．．．．．．．．．．．．．．．．．．．．．．．．．．

親愛的嘉威爾：

　　謝謝來信。

　　根據我的占卜，你最好：

　　1.連續五個月，每天服用九顆內供丸。你可以從西藏醫療中心取得內供丸。

　　2.服用西藥。

　　3.禮拜三十五佛。如果無法實際做禮拜，可以雙手合掌，觀想自己在禮拜上師薈供的資糧田──其中包含三十五佛。本著清晰的觀想和強烈的淨障心，稱念佛名。

　　4.把你的愛滋病看成是好事，而不是壞事。

　　實際上你非常幸運，因為你可以為一切有情發菩提心，尤其是

那些愛滋病患者。所以,請運用愛滋病來生起強烈的菩提心。

思惟:「我可以淨除往昔的惡業,累積廣大的功德,因而最快速地成佛。」

根據我的經驗,特別是愛滋病患者,

內心務必盡量保持安樂、堅強。

那會讓人活得更久,不僅病況不會惡化,可能還會減輕,這取決於你的修行和積極的思惟,例如對其他有情的悲心有多麼強烈。

你可以想一想愛滋病患者所受的一切苦。

例如,有一位弟子曾經罹患愛滋病。他有一位上師在達蘭薩拉,是一位高僧,指點他修菩提心法門「自他相換-施受法」,來承受其他有情的苦,並把自己的安樂和功德布施給其他有情。他修了四天之後,回到原先為他診斷的醫院做檢查,居然找不到愛滋病的病毒,而他說他僅僅修幾分鐘而已。雖然修法的時間那麼短,悲心卻十分強烈,他每次禪修施受法時,總是哭泣不已。

他只要想到其他有情的苦,就會啜泣。由於他對其他有情懷有非常強烈的悲心,因而淨除了大量的惡業,包括令他出現病況的肇因。

這個例子顯示某些禪修經驗在療癒方面有不可思議的功效,那是淨障的徵兆,同時也會令你精神昂揚,生活平和喜樂。

關心自己的苦和關懷、悲憫其他有情的苦,兩者是不同的,果報也不一樣。

關心自己的困境,就會有貪執,因而掛慮貪執、掛慮自我,果報便

是不得安寧。

關懷、悲憫其他有情，雖然好像是掛慮，但感得的果報卻是安詳、平和，對自己的心相續有積極的影響。

摯愛與祝福

喇嘛梭巴

・我的愛滋病況是好事，而不是壞事。
・我必須讓內心保持安樂。
・關懷、悲憫其他有情令我獲得安詳。
・悲心具有療癒力。

療癒師

. . . .

親愛的喇嘛梭巴：

　　最近我得了致命的病，透過許多醫生和另類醫療人員的協助，我幾乎痊癒了。結果我感覺被看成是某種療癒師，得去幫助那些和我有相同經歷的人。您可否指點我如何避免舊疾復發，以及如何發展出幫助他人的方法？

致上許多感恩的祈求，
墨音達（大吉嶺）

. . . .

親愛的墨音達：

　　最重要的是，要有清淨的善心，而且心識純淨，這樣，你就能夠了解並看出問題的所在。善心和健康的心是同義詞。

　　一旦你珍惜其他有情勝過自己，就不會傷害自他，也就會更長壽。善心保護你不會受其他有情傷害，果報是安樂、成功、財富、無憂無懼。

　　佛曾經和我們一樣也有困境，但是由於發菩提心，因而永遠解脫苦和煩惱的因，成就佛果。這就是為什麼諸佛能夠時時刻刻示現無數的身形，以便幫助所有的有情。每一尊佛都有能力直接觸及病因、習氣，並開示如何淨除，以救度一切有情。

　　菩提心不僅能夠療癒疾病，而且能夠讓你發展出所有的美德，成就佛果。

　　你會變得像空中升起的太陽般，讓一切有情都得到受用。菩提心帶來安樂。發願救度其他有情離苦，而且努力以赴，你會體驗到甚深的和平與成就感，你的生命對自他都會很值得。

愛與祝福，

喇嘛梭巴

・懷有菩提心，我會變成猶如自空中升起的太陽。

代眾生受苦

. . . .

親愛的喇嘛梭巴：

我要告訴您，我朋友的經歷。讀完您的《究竟的康復》這本書之後不久，她去做定期的切片檢查。醫生把針插錯位置，刺到了神經，讓她感到全身劇烈疼痛。她記起您在書上的開示，以自己的痛苦來承擔其他有情的苦，因此她非常刻意地思惟自己是在為所有的有情承受這份苦。她說，這麼做之後，居然就能夠忍受劇烈的疼痛。這個經驗深深影響了她，此後，她一直把這本書帶在身邊，十分珍惜。

仁波切，我想問一個問題：對內心有充分準備的人來說，代其他有情受苦時，是否可能感到非常喜樂，因而所經歷的疼痛就不再是苦了呢？

愛，

慶子（東京）

. . . .

親愛的慶子：

你的朋友能夠這麼做，真是太了不起了。用自己的痛苦來承擔其他有情的苦，確實一定有助於讓你堪能忍受或者減輕那份苦。

越能夠思惟自己是在代替其他有情受苦越好，而且越有力量。

甚至在正式禪修之前，光是動念要用自己的痛苦來承擔其他有情的苦，就有效果。有時候我的眼睛痛時，我會嘗試思惟自己是在承擔其他有情的苦，為他們而承受痛苦。我注意到這很有幫助，痛苦會因而減輕。

當你的意圖足夠強烈，不僅可減輕痛苦，甚至可能止息痛苦。

當然，動機不應當是為了止息痛苦，而是真正感到你想要代其

他有情受苦。我不確定自己是出於什麼動機,不過,我們應當設法生起清淨的動機,完全沒有想到要讓痛苦減輕,就會很有用。

如果痛苦依然持續,不妨用它來發展悲心、菩提心,修習轉念,利用機會修煉自己的心。

一旦痛苦止息,你就失去機會了,亦即失去具有痛苦的利益。

至於你的問題:是的,那是可能的,不過要看那個人內心的悲心份量如何。越具有悲心,能夠代其他有情承受的苦便越多。對那個人來說,為其他有情承受痛苦是一大樂事。

越具有悲心,越容易承受其他有情的苦。猶如母親樂於承擔孩子的痛苦。母親把自己鍾愛的兒女視為世上最寶貴,孩子則把母親視為最慈愛的人。因為母親把孩子看得那麼珍貴,因此非常樂於承擔孩子的苦,對她來說,這極容易做到。孩子越是把母親看得慈愛,就越容易代她受苦。所以這要看我們有多大的悲心,以及多麼能夠把其他有情視為寶貴的、慈愛的。

慈悲心越大,越能夠把其他有情視為寶貴的、慈愛的,便越能夠代其他有情受苦。

請向你的朋友說「謝謝」,告訴她,我想感謝她有那樣的念頭。在疼痛時記得修施受法,不僅有助於讓她堪能忍受痛苦,而且縱使她在那個時候死了,因為存心代其他有情受苦,也會以最好的方式死亡。所以請告訴她,我非常歡喜。

挚愛與祝福,
喇嘛梭巴

・用我自己的痛苦來承擔其他有情的苦,有助於讓我堪能忍受那份苦。

意外傷害

親 愛 的 喇 嘛 梭 巴

意外殘廢

. . . .

親愛的喇嘛梭巴：

　　前一陣子我玩飛行傘時，傷了我的背，導致現在身體局部麻痺。我請別人修完一些法之後，身體狀況已經有所改善。請您指點，現在我還能做些什麼呢？

愛，
莫瑞吉歐（羅馬）

. . . .

親愛的莫瑞吉歐：

　　在我們成就佛道上高的階位，克服生、死、苦之前，都必須死亡，然後轉生。

　　如果我們有惡念和惡行，便會轉生惡趣；如果有善念和善行，便會轉生上界。我們所追求的應當不僅是今生的安樂。此生非常短暫，死亡可能在任何一天、任何時刻發生，而顯現為義大利人、住在義大利等等這一切表相，隨時可能終止。

　　來世有非常之多，一個接著一個，在我們克服生死輪迴之前，一直都會有來生，所以重要的是，成辦所有來世的安樂。為此，你現在就必須有所準備。

　　最重要的是，解脫和成佛的究竟安樂，止息所有的苦和苦因，永遠脫離輪迴。

　　有成千上萬其他的有情，就像你一樣，希求安樂而不願意受苦。你想要受人愛戴，不願意受傷害，其他所有的有情也完全一

梭巴仁波切手繪的綠度母

樣，希望你愛戴、協助他們，而不希望被你傷害。你只是一個人，其他有情卻有無數之多，因此，他們是最寶貴、最重要者，你有責任解除他們的苦，帶領他們成佛。

結論是，你有必要在佛道上發展心性，解除一切有情的苦，帶領他們達到成佛的最高安樂。

你的殘廢是往昔多生多世積造重大惡業的果報，那些龐重惡業在今生成熟，讓你不至於轉生到惡趣受苦好幾劫之久，所以要把這看成是好事而隨喜。既然你必須承受這種苦，何不讓它有益於其他有情，用它來承擔其他一切有情的苦。

思惟:「我是在代其他有情受這種苦。」每次你這麼做時,都在累積大量的功德、善業和安樂。

那將成為非常強力的療癒,淨除你往昔的惡業,讓你不必累劫在惡趣中受苦,或今生遭逢困境,這樣一來,你便把自己的痛苦轉為成就佛果以饒益有情的道用,同時也是在種因,令一切有情得以獲得安樂,尤其是成佛的究竟安樂。

摯愛與祝福,

喇嘛梭巴

・這一生非常短暫,死亡可能在任何一天、任何時刻發生。

擺脫毀容的折磨

· · · · · · · · · · · · · · · · · · ·

親愛的喇嘛梭巴：

　　大約一年前我發生車禍，並且決定做臉部整形。細節有些複雜，讓我長話短說吧！手術造成我的臉部毀容，從那之後，我便一直在憂鬱中掙扎。更糟的是，交往多年的男朋友決定和我分手，因為他對於我的容貌感到尷尬，並且說不再愛我了。

　　我花了很多時間思索現在要怎麼安排人生。我設法實修您在《轉化困境為安樂》（*Transforming Problems into Happiness*）一書中的開示，並且想用我的遭遇來利益其他有情。我正在考慮去印度菩提迦耶的慈愛痲瘋中心服務，因為我可以體會到那些病人的感受。

　　仁波切，請您告訴我這是不是好主意？

祝福，

約瑟芬娜（馬德里）

· · · · · · · · · · · · · · · · · · ·

親愛的約瑟芬娜：

　　去痲瘋中心工作太好了。我翹起兩隻大拇指贊成，那是最好的事！

　　不要去想你的容貌。提供服務會在你的內心帶來甚多的安詳、喜悅，而且因為你在那裡會很忙碌，自然不會再把心思放在一度令你備受折磨的容貌和男朋友身上。

　　還有，你可以幫忙菩提迦耶的圓滿教育學校計畫，以及禪修如何對其他有情修習慈心。

愛與祝福，

喇嘛梭巴

我中彈了

. . . .

親愛的喇嘛梭巴：

我在菩提迦耶修法時，竊賊的四十發子彈射中了我的腳，留下四十個彈孔。我在菩提迦耶和德里開刀移除金屬碎片，不過醫生無法清除乾淨。我擔心自己無法完成所有的大禮拜或做其他功課。

我是在佛教的一個聖日，一修完金剛薩埵後就中彈了。那時我才剛開始大禮拜，正準備做長期閉關。現在還有彈殼留在我的腳裡頭，日後或許需要取出來。

不知道是否會有更多像中彈這樣的業將要成熟？如果是的話，我該怎麼做比較好？接下來應當修什麼法？

愛，

維拉（菩提迦耶）

. . . .

親愛的維拉：

我想你已經了解這種果報是來自你自己往昔所造的惡業——你對其他有情做過類似的事情，那個習氣投射為現在這個業相。為了獲得無上正覺的佛果，利益一切有情，你必須藉由這個遭遇做最強力的修行。

你應當運用自他相換法，承擔一切有情的苦。尤其是承擔正在經歷同樣痛苦，以及具有那些習氣的有情之苦，這是比大禮拜更強力的淨障法。

你所經歷的每一件事，比如痛苦，都請用這個方法來裨益有

喇嘛梭巴仁波切在佛陀成
道地印度菩提迦耶加持一
位病人。攝於2005年5月。

情，這樣，你會獲得無量無邊的功德。你所修的前行，就具體表
現在為一切有情經歷困境。

　　思惟：「願他們所有的苦，當下在我身上成熟。願我經歷這個苦，
以饒益一切有情。」

甚多祝福，

喇嘛梭巴

死亡

親愛的喇嘛梭巴

不該隱瞞病情

. . . .

親愛的喇嘛梭巴：

　　我的姊姊肯妮已經被診斷出是癌症末期，回天乏術了。醫生告訴我們，姊姊已經瀕臨死亡。我們顧慮到她的心境，所以不願意告訴她她即將死亡。我們希望她能夠平靜地度過最後這段日子，做最好的運用。但是，隱瞞她是對的嗎？有些家人和我自己都覺得應該告訴她，她即將死亡。

愛，
南西（美國，聖塔菲）

. . . .

親愛的南西：

　　不跟她透露這個重要、切身的消息，並不合宜。讓她知道自己來日不多，應當有助於讓她把剩餘的日子作最好的運用，這一點對她來說非常重要。

　　主要是，她必須修悲心，這一點恆時要謹記在心。

　　她應當一再思惟：「我將為利益所有的有情而死。我已經完成的以及正在做的修行、服務，都是為了饒益有情。」

　　我已經出資為她修法，一切都是為了替她淨障，讓她往生善趣，她無須擔心。這是我要告訴她的。

摯愛與祝福，
梭巴仁波切

為死亡作最好的準備

· ·

親愛的喇嘛梭巴：

如果我知道自己即將死亡，我應當修什麼法呢？

愛，

湯姆（加州）

· ·

親愛的湯姆：

1.一般來說，應當修菩提心，這最安全可靠。

2.不過，定力好的人，可以禪修空性。

如果了悟空性，所見的都是幻相——即一切顯現為真實，以及非僅僅由心名言假立的，都是虛妄的。

那會有幫助。怎麼說呢？不管你是否把某事視為自性空，一旦視其為虛妄的，也理解它是虛妄的，就知道沒有理由執取或對它生氣。禪修空性，內心就不會起煩惱或造惡業，也就不會懷著瞋心或貪心而死。

不過，為了免於墮入惡趣或為了永不再投胎轉世，究竟來說，必須斬斷輪迴的根。

摯愛與祝福，

喇嘛梭巴

· 視某事為虛妄之物，有助於讓人領悟沒有什麼好執著或生氣的。

器官捐贈

. . . .

親愛的喇嘛梭巴：

我叫愛茉莉，快八十歲了。我的人生一直都過得很充實，現在開始思考死亡。我非常欣賞佛教利他的教法，所以我想在死後捐贈器官。因為我已經這麼老了，所以不確定他們會不會接受我的器官，不過我還是想試試看。

我也很想知道如何死得平靜，以及如何讓家人知道我對處理後事的看法。聽說西藏佛教有一種修法，能夠幫助亡者以最平和的方式讓意識離開身體，但我對此一無所知，如果不趕快告訴孩子們，到時候他們恐怕會不知所措。您可否給我一些建議？非常謝謝您！

愛，

愛茉莉（雪梨）

. . . .

親愛的愛茉莉，

你有意把身體布施給其他有情，真是太好了。

在西藏，由於氣候寒冷而乾燥，遺體通常可以保存三天而毫無問題。等到遺體開始發臭，表示意識已經離開身體，之後就不需要再保存遺體了。

在西方，如果是在家裡死亡，在取出器官之前，比較有機會等待一段時間。這很重要，因為必須等到意識離開身體，才能夠碰觸遺體。不過，我想即使在醫院，如果有人先和醫生商量好，也許他們可以等十分鐘、十五分鐘、半小時或一小時。最好不要在呼吸停止後立刻取出器官，因為需要有時間讓意識離開身體。

重要的是，呼吸停止時，身體還是柔軟的，就像在睡覺一般。

你可以告訴家人以下幾件事：

1.此時，不要去碰你身體的任何一個部位，就讓身體保持原狀。

2.看醫生說他們能夠等多久，就等多久。

3.在等待的時間結束前，不要碰觸遺體的任何部位，只能碰你的頭頂：用力拉拔頭頂上的頭髮。

4.如果你有特別的頗瓦丸，可以請他們放在你的頭頂上。

5.如果呼吸停止後，移動你的遺體做器官移植的時間到了，而你還處於禪修狀態，這時你的家人可以點香，幫助你停止禪修。

6.之後，你的意識會離開身體。

7.現在就可以搬動你的遺體做器官捐贈了。

如果你的意識從頭頂離開，就是去無色界或佛的淨土──只有這兩條去路。那時，所有的惡業都會轉變成善業。

實際上，你可以告訴家人，在呼吸即將停止時，把頗瓦丸放在你的頭頂（你可以向佛法中心的喇嘛索取這些藥丸）。

愛與祝福，
喇嘛梭巴

・呼吸停止後，千萬不要碰觸你的身體，盡可能越久越好。

幫助母親善終

. . . .

親愛的喇嘛梭巴：

　　我寫這封信是要告訴您一些既傷心又緊急的事。我們最近得知母親的肺癌已經到了末期，來日不多了。或許是因為內人和我已經學佛二十年，所以母親晚年也培養出對佛法的興趣。她從來沒有正式修行，但是她要求我寫信請示您，往生前她可以做些什麼？我們會很感激您的任何指示。

愛和謝，

傑克（佛羅里達）

. . . .

親愛的傑克：

1. 放一張度母的相片，以便讓她可以看著度母而死去。
2. 在她死之前，不斷地播放持咒的CD。
3. 請人為她唸誦《心經》或祈請文，以便在她死之前可以聽到這些課誦。

摯愛與祝福，

喇嘛梭巴

……仁波切也到醫院探訪這位弟子的母親並為她加持。傑克的母親死時張著眼睛，看著仁波切送給她的度母照片。她曾經加入佛法中心成為會員，在她死前的一天晚上，中心的常駐師長去探望她之後說，如果有人能夠見到她，就不會害怕死亡。她臨死之前，安詳、歡欣地向大家告別。她對兒子最後的遺言之一是，一切都很清明，她感覺很好。

幫助好友善終

. . . .

親愛的喇嘛梭巴：

　　我們摯愛的佛教徒朋友瑪麗即將往生。她時而有意識，時而沒有，我們該如何幫助她善終呢？

安和裘伊

威斯康辛州，麥迪遜

. . . .

最親愛的安和裘伊：

　　告訴瑪麗，我已經在佛舍利前為她修法、迴向，而且還會再為她修法。

　　你們可以幫她做幾件事：

　　1.每當瑪麗醒來時，她最好如此思惟：

思惟：「人生的目的不僅為了謀求自己的安樂，解決自己的問題，而是在於解除其他有情的苦，帶給其他有情現前和究竟的一切安樂。」

思惟：「我只是一個有情，我微不足道，不管我多麼痛苦或多麼快樂，都不算什麼。其他還有無數的有情希求安樂，不願意受苦，他們需要我的幫助。」

思惟：「他們之中的每一位都是我過去、現在、未來一切安樂的來源，每一位都是我生命中最寶貴者。」

思惟：「我何其幸運，能夠捨棄自我所帶來的一切問題和不順遂，並珍惜其他有情，為他們所有人經歷死亡和所有的困境，讓他們享有暫時和究竟的一切安樂。」

她應當想像其他有情所有的苦化為煙的形相，由她吸入，消滅掉自我，令其不復存在。

2.她的身邊應當有一張藥師佛的相片，以及照得很好的達賴喇嘛尊者相片，表情喜悅、歡欣、快樂。

3.你可以請她整天不時地看著尊者的相片，向他祈求。尊者是大悲佛的化身，總攝一切佛的悲心。請她思惟，這是尊者的本性，所以尊者愛她，他的悲心恆時擁抱她。她應當這麼思惟。

4. 她也可以瞻望藥師佛的相片，憶念藥師佛。如果她死時繫念藥師佛，絕不會墮入苦惡趣。即使僅僅是聽到藥師佛的名號或咒語，就不必恐懼死亡。

當她向祂們祈求時，不妨思惟：

從今起乃至盡未來世中，願我如同祂們般，具有圓滿的智慧、圓滿的悲心和圓滿的威勢力，提供一切有情浩如虛空般無量無邊的利益。願我從今起，乃至盡未來世，都能夠如是成就。

5. 臨命終時，可能的話，她應當：

採取如同佛陀入涅槃的臥姿，也就是所謂的獅子睡姿——右脅臥，右腮放在右手上面，左手放在大腿上。通常右手的無名指彎曲按著上唇，阻塞貪慾的能量風，以免懷著貪念死亡。因為貪念會令人陷入輪迴。

身體保持這種姿勢，有助於讓她懷著善念死去。如果她還能夠思及佛陀如何圓寂，會有助於讓她憶念佛。

6. 還有，在心理上要為死亡做準備，要死得如法——不僅死得如法，而且要有利益。有些念頭甚至能夠讓死亡這個我們一生中最

後的經驗，有益於其他有情，這是最要緊的事。告訴她設法懷著這樣的念頭而死：

> 我將代表一切有情經歷死亡。我真的太幸運了，能夠為其他有情經歷死亡，好讓無數的有情獲得安樂，免於受苦。我實在太幸運了，能夠運用死亡來成辦圓滿佛果的無比安樂，並帶給每一位有情圓滿佛果的至高安樂。

懷著利他的念頭死去，是最佳的死亡之道，一切諸佛菩薩、所有的聖者都會讚歎你。懷著這樣的善念死去，會令祂們非常歡喜。這是讓你得以開啟一切安樂門的最上策，這樣一來，死時無苦無難，這種死亡沒有恐懼，不會墮入惡趣。

達賴喇嘛尊者

7.她也可以憶念達賴喇嘛尊者而死。一旦死亡的徵兆現前，例如呼氣開始比吸氣強，或者鼻孔塌下來，眼球翻轉而且變大，這些徵兆顯示著死亡將在一個小時至一個半小時到來，那麼她可以做以下的禪修。實際上，她可以整天練習這個禪修，以便為死亡做準備。

> 觀想達賴喇嘛尊者在她的頭頂上，由尊者的心輪放光，射入她的頭頂，進入她的中脈，到達心輪。這時脈輪不再是中空的，心輪下的開口封閉了，她的心識在裡面，大小如芥子，體性是白光。
> 接著，紅光從達賴喇嘛尊者的心間放射出來，把她的心識鉤到尊者的心。
> 她的心識乃與尊者融成一體，她感到與尊者的聖心合一，體性是大樂、無盡的大樂。她應當盡可能維持這種感受，

越久越好。

這些是她要做的事。另外有一些是你們兩個人可以做的事情。

1.你們應當造一尊釋迦牟尼佛的小佛像和一座小佛塔，裡面裝有咒卷。要趕快做，讓她把這些放在身邊。

2.死時要她修法可能有困難，所以由你們在她的耳邊朗誦達賴喇嘛尊者的名號或藥師佛的咒語，會大有幫助。

3.接近死亡時，要確定她的身體保持雪獅子的姿勢。

4.呼吸停止之前，把時輪金剛壇城砂和著奶油做成的丸子放在她的頭頂上。這些丸子必須事先做好。

5.一旦呼吸停止，就不要碰她，直到煖氣離開她的身體。非常重要的是，若需要碰觸她時，首先應當碰觸她的頭頂。在醫生和護士來碰觸她之前，你們可以從她的頭頂用力拉拔她的頭髮，這有助於讓她的心識由頭頂離開，是往生善趣的表徵。

摯愛與祝福，

喇嘛梭巴

· 憶念藥師佛而死，我絕不會墮入惡趣。

· 懷著利他的念頭死亡，是最有意義的。

· 達賴喇嘛尊者是大悲佛。

猝死不是誰的錯！

．．．．．．．．．．．．．．．．．．．．．．．．．．．．

親愛的喇嘛梭巴：

　　我的父親幾天前的早上突然去世。家人無法好好地看待這件事，他們似乎都怪罪上帝，氣祂把父親帶走。他們的憤怒令我迷惘。請問：我應當如何看待父親的猝死？

　　　　　　　　　　　　　　　　　　　　愛與至高的祝福
　　　　　　　　　　　　　　　　　　　　童尼，新加坡

．．．．．．．．．．．．．．．．．．．．．．．．．．．．

摯愛的童尼：

　　是你父親的業，導致他死亡，那不是上帝的錯。生命並不是永恆的。佛說過，生命的本質是無常的，那是我們經驗的事實，所以也不是佛的錯。

　　最重要的是，你父親並沒有死得很痛苦。突然發生死亡是好事。我們應當祈願他下輩子投生善處——往生得以成佛的淨土（或者你也可以說是：能夠和上帝在一起的地方），或獲得暇滿人身，值遇具格的上師，如法地實修大乘教法，而得以當生成佛。

　　思惟：「我們全都和父親一樣，走在同樣的旅途上，這是生命的真相。」

　　務必每天體會並記住這一點。這樣做的益處是，為死亡及來世的安樂作準備。比這更重要的是，解脫輪迴，也就是所謂的涅槃。而最重要的是，成佛以饒益一切有情。唯一的途徑是透過修行佛法：內心清淨，而且行為清淨。

思惟：「我可以從事許多善行，並把功德迴向給父親。」

這樣一來，你還是能夠幫助他，所以請開心吧！

摯愛與祝福，

喇嘛梭巴

・思惟生命不是永恆的，是在為自己的死亡作準備。

哀傷母親之死

. . . .

親愛的喇嘛梭巴：

我的母親最近去世了。雖然她已經很年邁，無疑的時間已經到了，但是我還是悲不自勝。她像是我的第一個自我，少了她，讓我覺得既迷惘又孤獨，這更甚於悲傷。我覺得失去目標，不知道該怎麼繼續活下去，或者該怎麼辦才好。仁波切！請您為我指點迷津。

祝福，

珍娜（蒙特拿）

. . . .

親愛的珍娜：

你和你的母親結了很深的緣，為此，你們將會再相遇。

思惟：「人都難免一死。」

整個地球有其開始、衰壞的過程和終結，它會延續幾年、幾分鐘，然後會終結，最後什麼都不剩。即使洛磯山現在看起來非常堅實，但到了某個時點，也只會餘下虛空。這些事情就是會發生，我們無能為力，所以必須接受。

正如佛教聖者寂天說過，

如果還有補救的辦法，何必喪氣？如果無法補救了，喪氣也於事無補。

為了無法擁有的東西而懊惱，是沒有用的。那就好比懊惱你家不是用鑽石打造的，或懊惱你不是世界的主宰者，或是你沒有當選總統！

有時候我們的關切和憂惱，是因為非常在意和某人在一起時所獲得的舒適和歡樂，而不是因為我們關切死者和他的遭遇。那是出於

關切自己的歡樂，我們的痛苦是由於自我愛惜以及失去貪執的對象。

> 思惟：「一旦我不再隨順貪執和自我愛惜的想法，而是隨順智慧，禪修空性，培養出離心，且想要利他——培養菩提心，這麼一來，我就不會再哀傷和沮喪了，有的只是和平與安樂。」

與其出於貪執和自我愛惜而沮喪、哀傷不已，何不放下，接受萬法無常的本質——一切都是短暫的現象，人都難免一死。否則，那甚至可能會令你想要自殺，毀掉寶貴、滿願的人身。憑藉這個人身，你可以達成直至成佛的一切安樂，那麼又何不做一些對亡者有價值、有助益的事：

> 對貧困者、無家可歸者或病人慷慨布施。

即使你沒有辦法實際布施什麼東西，也可以提供服務，鼓勵他人發展內在的善心和智慧。

> 把你的一切善業迴向給亡者，願他不會受苦，獲得究竟的安樂，徹底息除苦及苦因，成就佛果的無比安樂。

在這個世界上，你可以提供服務，做很多事情。各方面的需求非常多，可以去參與許多修行的計畫，做許多有益的事，這樣一來，你的內心會覺得非常喜悅；否則，光是哀傷和愛惜自己將於事無補。

摯愛與祝福，

喇嘛梭巴

- 為了我無法擁有的東西而懊惱，於事無補。
- 只因隨順自我愛惜，我才會哀傷和沮喪。

丈夫過世

. . . .

親愛的喇嘛梭巴：

　　我的丈夫一星期前去世了。我的兒子和我都悲不自勝，我不知道該怎麼處理不斷湧上心頭的悲傷、恐懼、生氣等龐大的情緒。我也很擔心先夫的轉生，祈求他能投生上界。但願我能夠扭轉失控的心，並設法對先夫致上愛和幫助。

　　請指示我如何度過這段困難的時間，怎麼做對他的裨益最大？

愛，
安（佛蒙特州）

. . . .

親愛的安：

　　非常遺憾你的先生過世了。

　　你不必擔心，在他過世的前幾天，我已占卜過，很顯然他將有良好的轉世。

　　他是很隨和的人，多年來擔任佛法中心的會長，為有情和佛陀的教法提供服務。他非常忠實、誠懇，而且心地善良。

　　我想讓你知道，聽到他過世的消息後，我已經透過修法去引導他。當你憂慮或想念他時，應當記得：我們之中還沒有解脫輪迴的人，都難免一死。既然出生了，就難免會死，因為在解脫輪迴之前，我們都受到煩惱和業的主宰，這是生命的本質。

　　實際會有裨益的是，在日常生活中懷著利他的善心、慈悲心造善業。

　　本著這種清淨的動機和善心生活，即使你沒有做額外的善行，所作所為都會形成善業。你可以把從這些善業所積聚的功德，迴向

梭巴仁波切手書的
藏文字：啥

給你的先夫以獲得良好的轉世；迴向他不僅獲得暫時的安樂，而且
會儘速解脫輪迴的生死流轉，盡可能以最快的方式成就佛果。

為其他有情造更多的善業，諸如慷慨布施、不傷害自他，透過這些
方式來紀念他。

為了饒益他，當有人虧待你、侮辱你或不尊重你時，要設法修忍
辱。

如果你能夠至少做到不動怒，就不至於傷害他人。當你修忍辱
或設法不懷有傷害他人的念頭時，也要記得迴向給他。

如果你做得到，最好思惟：這都是為了一切有情，他們就如同他一樣，想要獲得安樂，不想要受苦。

每天以這種方式迴向你所造的善業。只要開始萌生對其他有情有害的惡念，如惡意、嫉妒等，須立刻運用對治的辦法加以制止。

你先生的過世是在提醒我們：人身多麼寶貴，我們應當更努力修行，並且修得更清淨。

摯愛與祝福，

喇嘛梭巴

· 我們都難免一死，這是生命的本質。

· 丈夫的過世，提醒我不要虛擲寶貴的人身。

教育孩子

親愛的喇嘛梭巴

孩子不受管教

. . . .

親愛的喇嘛梭巴:

我有一個十六歲的女兒,我很擔心我們之間的關係和她的走向。她似乎太早熟了,令我憂心忡忡。她深夜不歸、和一群年紀大的人廝混,而且常常不誠實的讓我知道她在做什麼。我曾經試著限制她的行為,但是她打破規矩;我也試過溫柔地對待她,但她卻變本加厲;我吼她,她就乾脆把自己關起來。

我該如何矯正她的走向呢?我很怕她會做出令自己後悔一輩子的事情,但是我似乎已經管不住她了。我該怎麼辦呢?

愛與感謝,
艾瑪(澳洲,達爾文)

. . . .

親愛的艾瑪:

在一個充斥著負面影響的社會撫養孩子,很不容易。在這種社會裡,壞朋友很多,守規矩、慈悲的好朋友卻非常少。正如同造小佛像的印模,朋友就像是我們自己的印模。

西方文化充滿太多的慾望,和所謂的落後國家很不一樣。在西方,廣告都和慾望有關,都在教人怎麼做最能夠滿足自己的慾望,例如食物廣告讓大家很想吃。我們的環境中諸如此類的訊息,對大家可能會有很大的影響,而這一切──壞朋友、文化、學校的情況,讓年輕人不容易調教。

教導你的孩子,絕不要忘了業果。

每天祈求藥師佛讓你的孩子得以長大成人，具有度母、觀音等諸佛的品德，擁有最好的素質。

為自己的家人祈求，對雙方都會產生很大的力量。

如果你只是為女兒祈求活得健康等諸如此類的東西，那麼你便只專注於今生的利益，這不太好。應當祈求她發展內在所有一切最好的品德，以便解脫痛苦，且有能力幫助所有的有情。

摯愛與祝福，
喇嘛梭巴

· 光是想要我的女兒健康還不夠，我必須為她祈求長遠的安樂。

粗暴的學童

· · · · · · · · · · · · · · · · · ·

親愛的喇嘛梭巴：

　　我所教的學童中有很多人，彼此之間在言語和行為上都非常粗暴，令人震驚。我從來沒有想到孩童會是這樣。我不認為以前的孩童是這樣的。不管是什麼原因造成的，我要怎麼教他們做個善良的好人？他們對自己應當是怎樣的人，似乎有非常不同的看法。他們很多方面的舉止表現得既強硬又堅決，對暴力似乎很自以為是。我如何才能夠讓他們了解？我能說什麼來證明暴力並不是正途？

多謝，

丹尼（瑞士，伯爾尼）

· · · · · · · · · · · · · · · · · ·

親愛的丹尼：

　　你可以教導孩童以下的心理建設：

　　你不希望任何人傷害你，你希望大家讚美你，跟你說好話。同樣的，這也正是每個人所想要的。
　　他們有這樣的希求、需要，也有這樣的權利，而且喜歡受到你的尊重、讚美和幫助。

　　如果你持續不斷地規勸孩童，他們之中有些人是會改變的，那就有益處了。但並不是所有的人都會改變——那將是奇蹟，不過有些人是會改的。

　　重要的是，向孩童示範，假裝生氣而顯現瞋怒的傷害性。不要光說，要做出來。向他們示範自己一生氣，也會令別人生氣，會破

壞家庭、人際關係和財產。

　　你可能只是為了微不足道的小事而發脾氣，但後果卻可能不堪設想。由此可見，修忍非常重要。內心不滿足和墮落都很自然——除非成佛了。

　　重要的是，避免用「業」或「轉世」的字眼，但是要教導孩子們日常生活當中的行為會造成的後果。

梭巴仁波切手書
的藏文字：吽

　　告訴他們：「如果你開始不喜歡某人，就是在把惡劣的磁場和不尊重的感覺送給那個人，這會干擾那個人，讓他不高興，並且開始討厭你，果報會回到自己身上。所以，你的所作所為會讓自己不快樂。如果你繼續這樣對待那個人和其他許多人，就會令自己的內心和人生得不到安樂。」

　　非常重要的是，設法改變孩子們對這一生所抱持的態度。

　　藉由思惟喜歡他人的益處，來建立喜歡他人的觀念。

　　別人不尊重你時，你認為傷害了你，可是這還有另外一面，並非只是傷害。

　　告訴他們：「如果你把別人的心和行為詮釋為有害的，所見的就是傷害。」
　　告訴他們：「只要你看得出別人帶著厭惡、瞋恨、不悅意的舉止等等來考量你，正是在幫助你發展悲心、慈心、溫暖的心和內心的安詳，你會從中獲益，就可以把這些詮釋為好的。」

　　這是基本的心理建設，藉此，內心會變得穩定，永遠安詳，是教導孩童的最佳方式。

摯愛與祝福，

喇嘛梭巴

> ‧ 我不想希望任何人傷害我；同樣的，這也正是每一個人的希求。
> ‧ 當我生氣時，同時也讓別人生氣，因而破壞我的家庭、人際關係和財產。
> ‧ 喜歡別人有許多好處。
> ‧ 當有人傷害我或對我生氣時，我應當去看它的積極面。

上學的目的

· ·

……仁波切勸勉就讀於FPMT在印度菩提迦耶興辦的學校的孩童如下這段話：

你們應當想，上學的目的是為了獲得教育，讓自己有能力裨益一切有情。

喇嘛梭巴仁波切和朋措仁波切。朋措仁波切的前世袞卻格西是一位隱修的大成就者，生前經常來台弘法，圓寂後留下包括五色舍利、心舍利、舌舍利等許多不可思議的身舍利。2006年11月攝於尼泊爾科磐寺。

家庭教育更重要

. . . .

親愛的喇嘛梭巴：

我的妻子和我很幸運地有兩個很棒的孩子，但是我擔心如何把他們教得最好。我是佛教的修行人，卻還遠遠不及佛！我們應當如何在家裡教育他們呢？有什麼好辦法鼓勵他們過著積極、快樂的生活？我們應該用懲罰或只是用溫和的方式？這是很難的抉擇，特別是我們對他們的愛難免受到貪執所污染。

很感激您的指點。

您的學生，
吉姆（芝加哥）

. . . .

親愛的吉姆：

教育孩子十分重要。孩子應當在兩個地方受教育：學校和家庭。

必須教育孩子對其他有情具有善心、容忍、悲心和慈心，這些是人心基本的美德，所以父母負有很大的責任。

孩子若欠缺這種教育，就好像出生是來受苦的，除了自己一輩子受苦，還會帶給父母和其他人許多苦難。由於他們的內心尚未調伏，缺乏善心和普世責任感，因此會為其他有情製造很多麻煩。

思惟：「如果我要孩子對我好，就必須教導他們如何心懷慈悲。」

如果孩子以寬容、悲心對待其他有情，其他有情也會喜愛並幫助他們。有一顆善心將令他們安樂，內心有更多空間善待其他有情，令其他有情歡喜。

　　父母的影響力比學校更大，因為孩子和父母相處的時間更多。
家庭的教育方式是身教，而學校只是用頭腦而非用心學習。保有善
心是父母和孩子一樣都需要的教育。

愛與祝福，

喇嘛梭巴

> ・缺乏善心的孩子，一生只是為自己、父母和其他有情造苦而已。

教養孩子也是一種修行

. . . .

親愛的喇嘛梭巴：

我是四個孩子的家長，孩子的年齡從四歲到十歲不等。我最近對佛法產生興趣，希望有一天能夠參加禪修閉關。但是在我的孩子們長大一點之前，特別是最小的孩子，我覺得很有必要盡量和他們在一起，引導他們，做他們的模範。我由衷地想了解如何把教養孩子當作佛法修行的一部分，父母可以為孩子們做的最好的事是什麼呢？我如何幫助孩子成為更好的人呢？

感恩，

莫琳（佛蒙特州）

. . . .

親愛的莫琳：

不管你懂得什麼佛法，都可以盡量用來幫助教育你的孩子。你可以把簡單的修行——持咒、禮拜和供養佛，引進到日常生活當中。

教導你的孩子本著菩提心上學：為了救度其他有情，並帶領他們成佛。

教導他們那樣發心，以利益其他有情。他們可以在早上上學之前這麼做，這會讓他們現在的生命具有意義，將來也會有益處。請確定他們會這麼做。

強調善心和以慈愛對待其他有情的重要，讓你的孩子們長大時具有這些品德。同時要強調他們對其他有情的安樂負有責任，包括昆蟲和動物。

　　如果父母修行以善心和慈愛對待其他有情，孩子們便會效法而變得慷慨、慈愛，長大以後也一樣。

　　雖然學校並沒有傳授有關慈悲心的教育，但父母可以給予自己的孩子這樣的教育。

　　如果你的孩子修習慈悲，其他有情將不會被他們傷害，而會獲得和平與安樂。

　　這一切都來自於你，因為你幫助孩子發展，這非常重要。不管你的孩子長大後會富裕或貧窮，都要抱持這種心態，這是最重要的。

　　如果你的孩子有副好心腸，自然會守規矩，你不必勉強他們做事，不需訂太多規矩，他們自然而然不會造惡業。具有慈愛和菩提心的人，不會傷害其他有情、偷盜、殺生等等，因此不需要警察或武器。全世界都一樣：只要大家開發慈悲心，就不需要用武器，因為不會有敵人，所以不會有傷害。我們甚至都不需要法律。

　　這樣一來，你的孩子在學校或大學裡都會成為其他孩子們的模範，他們的許多朋友都會變得像你的孩子一樣。你的孩子不但不會給其他孩子、其他有情、動物、外在世界、父母帶來麻煩，反而可以利益許多有情。如果你不教導孩子如何存有善心，他們可能會為父母製造麻煩，甚且反目成仇。

愛與祝福，

喇嘛梭巴

> ‧ 如果你的孩子修習慈悲，其他有情將不會被他們傷害。
> ‧ 懷著善心、慈心地對待其他有情。

梭巴仁波切的繪圖與文字：她真是太仁慈了，令人難以置信！她救了我們，讓我們免於被其他有情殺害、吃掉。不只是我們，其他無數的有情都在受苦。若能領悟到這一點，我們便不應傷害其他有情。從今以後，我們應該小心謹慎。

親子關係

親 愛 的 喇 嘛 梭 巴

孩子一直對我不滿

. . . .

敬愛的上師和朋友，喇嘛梭巴仁波切：

　　過去十八個月以來，我和孩子們之間猶如處在水深火熱的地獄，我們已經好幾個月不講話了。幾年來，他們因為一些事情而對我生氣，我已經一年沒有看到任何一個孫子了。事情就一直這樣僵持著，他們對待我的行為令我時而生氣，時而沮喪、困惑、痛心。

　　星期六晚上，我的先生和我再次有一番談話，試圖通盤檢討，找出癥結所在。結果還是一樣，沒有答案。我起床到另一個房間大哭一場，終於領悟到，或許我可以從自己這方面找到這些問題的答案，但要弄清楚別人的動機則是不可能的。不過，我可以試著了解自己的動機。

　　我帶著這個問題進入禪修狀態：「我到底是懷著什麼動機而生下這些孩子？」

　　當我的思緒回到從前，我想起他們受孕時的我是怎樣的一個人。那時我一團糟，寄望孩子能夠救贖我，希望孩子幫我得到自己以前所得不到的東西。

　　我需要有人愛我。我、我、我！一切都是關乎我和我的需要。其實他們生下來之後，當然是無助的，需要從我這裡獲得一切。

　　當我真正觸及自己那時候內心的感受和思緒時，終於領悟到為什麼孩子們似乎一直對我非常不滿。

　　　那個重要的開始被自我愛惜所毒化了。

　　那份體悟到來的當下，我感到內心爆發些微的撼動，徹頭徹尾了悟到輪迴的苦難，令我對這些有情滿懷悲心。我執持這份體悟一會兒，然後走回床上。當我把頭放在枕頭上時，真希望自己能夠記得「遙呼上師」祈請文。我只簡單說三遍：「喇嘛梭巴，請幫助我把自我愛惜逐出

梭巴仁波切

生命！」然後就睡著了。

　　當我一早醒來，那種好像被鈍齒咬住、胸悶的感覺消失了。這種感覺跟著我有十八個月之久，時好時壞，但一直都在那裡。現在這種感覺消失了，我感到一股寧靜，讓我不僅從這個困境中脫身，而且超脫生命中發生過的許多事。我拿起《利器之輪》（*The Wheel of Sharp Weapons*），找到這段話：

> 當別人對我們所作的一切都吹毛求疵，而且似乎拼命地指責我們，這是由於自己往昔所犯的過錯，利器之輪迴轉到我們身上。直到現在，我們一直是不知羞恥、不關心其他有情，認為自己的行為完全無所謂。從今以後，讓我們不再造作冒犯他人的行為。

對我來說，這似乎總結了一切。

> 我是令自己受苦的因；同樣的，成佛以便為一切有情止息痛苦，也完全操之在我，而且只在於我一個人。

您認為這稱得上是下士道的禪修嗎？
至愛的上師，謹獻上最深摯的愛和祝禱，感謝您的眷顧從未捨棄我。

您的法友，
瑪莉

父母和孩子的爭吵

. . . .

親愛的喇嘛梭巴：

我的父母和兄弟姊妹最近吵得很兇，我不知道該如何幫助他們相處得更好。尤其是我的兄弟姊妹對父母非常生氣，我很擔心他們會因而造下嚴重的惡業。

我可以做什麼來幫助家人呢？

愛和感謝，
強那森（香港）

. . . .

親愛的強那森：

告訴他們：

我們認為來自外在的安樂，實際上來自內在——來自我們的心。困境也一樣。

事實上，沒有什麼事情只是來自外在，一切都取決於我們的想法。雖然事情或許看起來好像是來自我們的心之外，其實那些只不過是令困境生起的助緣。

你可以對兄弟姊妹們說，不管他們認為父母對他們造成了什麼傷害，如果他們過去沒有對父母造惡業，現在也不會無緣無故被父母傷害，或者有不愉快的經驗。

要記住，業有助於我們修習安忍，讓我們不至於因為生氣而鑄下傷害。

今生的父母是非常強勢的對境。我們的身體是由他們生下來的，甚至只要稍微對他們不敬，造下的惡業就非常嚴重，必須經歷從今生一直延續到來生的果報。

甚至只是稍微服侍或尊重父母，都會帶來非常強勢的果報——今生就會受果報，並且延續到來世。因為這是針對父母這樣的強勢對境所造下的業，是三種業當中的一種，今生就會受果報；第二種業來世才會承受果報；第三種業則要到多世以後才會承受果報。

比父母強勢的對境，是出家眾和已經解脫煩惱與業束縛的阿羅漢。比無數的阿羅漢更強勢的是一位菩薩，因為菩薩已經證得菩提心。

如果你懷著不恭敬的心看一位菩薩，所造的惡業超過把三界每一位有情的一隻眼睛挖掉。

如果你以尊重、依止的心看一位菩薩，所造的功德遠勝過布施三界的一切有情。菩薩就是這麼有力量。

還有，一尊佛比無數的菩薩更有力量。而比無數諸佛更強而有力的是你自己的善友、上師。

這些是你生命中強勢的對境，所以甚至僅是對他們稍微表示不恭敬，都會帶來嚴重的惡果。越是強勢的對境，惡果就越嚴重。因此，你想要設法幫助兄弟姊妹與父母和諧相處，這是好事，以免他們對父母造下惡業。

生氣於事無補，那會在心中留下習氣，種下的種子會導致將來一直不斷地生起瞋心。當你認為某人不好，也就是安立他們是「壞

人」，然後以牙還牙，不但無法減輕其他有情對你的傷害，反而導致將來受到其他有情更多的傷害。

為了幫助自己，也為了讓自己和其他有情都獲得保護、和平與安樂，明智之舉便是，從今以後不要用生氣或傷害回報其他有情，最好是對他們修慈悲心。

愛與祝福，
喇嘛梭巴

· 即使只是稍微服侍或尊重父母，都會帶來非常強烈的果報，今生就會受到果報，而且一直延續到來世。

男女關係

親 愛 的 喇 嘛 梭 巴

有益修行的男女關係

. . . .

親愛的喇嘛梭巴：

佛陀的教導似乎說，沒有強烈的貪執，便不可能和一個人，例如伴侶，保持親密的關係。我的情況恐怕正好可以用來證明這個說法是正確的。我很愛我的伴侶，但是我對他的貪執卻導致我時常嫉妒他的朋友，因而無緣無故地生氣。我們兩個都很固執，不願意向對方讓步，結果便是吵得很兇，弄得彼此都很不愉快。有時候我想我應該放棄，出家為尼算了！但同時又想，和他在一起可能會學到很多東西。希望您能夠指示如何和伴侶維持良好的關係，同時讓這份關係對修行最有助益。

多謝，

若文娜（墨爾本）

. . . .

親愛的若文娜：

並不是人人都能夠出家，也不是人人都能夠過在家的生活。不過，既然你們是生活在一起的伴侶，那麼雙方可以決定用自己的人生來利益其他有情。

我認為很重要的是，懷有服務其他有情的基本動機。如果你們有那種動機，就可以共同為其他有情做許許多多的好事；如果你們是以那種方式生活，就要設法盡自己所能，讓人生有益處。

雙方都應當有這樣的發心，而不要把自己的歡樂和舒適擺在第一位。首要之事是利他，為其他有情謀安樂，而不是為你和你的伴侶謀求安樂和舒適，這是你們必須具備的心態，這樣一來，就可能享有甚多的和平與安樂，你們可以彼此幫助對方成長，而且那也有助於讓你們的修行有進步。

如果主要的動機是自己今生的舒適和享樂，可能會引生許多問題。

雖然你們實際生活在一起，卻可能一直無法和諧相處、不斷爭吵、問題層出不窮、不信任也不安定。原本想要安樂，卻得不到安樂，而且對彼此的修行並沒有好處。

愛與祝福，

喇嘛梭巴

> ．首要之事是利他，這樣一來，我就會快樂。

夫妻關係

親愛的喇嘛梭巴

為什麼丈夫虐待我？

. . . .

親愛的喇嘛梭巴：

　　我多年來遭受身體、言語和情緒上的虐待之後，最近已經和丈夫分手了，但此刻我還是滿懷沮喪和孤寂等諸如此類的情緒。他對我們家的所作所為，令我非常痛恨他，儘管事實上在我們的整個婚姻中，我一直都在照顧他：煮飯、打掃、照顧孩子。

　　老實說，我很難理解為什麼這一切遭遇都發生在我身上。如果業真的有作用，為什麼他總是得到他想要的一切，壞事都不會落到他身上？我對自己的人生感到很灰心，根本不想學佛。親友們都不了解我的心路歷程，我感到非常孤獨。仁波切，我該怎麼辦？

愛，

可瑞妮（德州）

. . . .

親愛的可瑞妮：

　　我曾經聽說你和先生之間的處境一直很困難，能夠離開他是好事。

　　很重要的是，永遠要記得我們前世曾經造過惡業，過去你曾經以同樣的方式對待他。最好記住這一點，這樣你就不會對他生氣。因為你在某個過去世虐待他，所以他現在虐待你，而那將導致他墮入惡趣，這是你可以藉此發展慈悲心的方法。

　　思惟：「我過去對他做過類似的事情。」

　　對其他傷害你的人，你也可以這麼想。

思惟:「情況是,我必須解脫輪迴,因此,我必須修行佛法。除此之外,沒有別的路可走。」

你所經歷的一切困境,都在教導並說服你要修行佛法,提醒你要避免造惡業,並且要恆時造善業。

思惟:「我必須懷著慈悲心經歷困境。」

這意謂著是為了饒益一切有情的緣故。有無數的有情,他們的困境比你更嚴重,而你只不過是一個人。

思惟:「由我經歷苦及苦因,讓其他有情具足一切安樂,直到成就無上正覺佛果的至高安樂,那該有多好。我只不過是一個人,不管是墮入地獄或是獲得解脫,都不重要。」

只要你做得到,每天早晚盡量做這樣的禪修。

你所獲得的一切都來自一切有情的慈恩,他們對你來說是最寶貴的,所以,

觀想他們所有的苦化為污物或黑煙的形相,你懷著慈悲心承受這一切,布施給你的自我。你的自我因而變成完全不存在,情緒的我也同樣不存在了。它變得不存在,是因為它本來就不存在。

時常做這樣的禪修。

還有,要禪修慈心。

思惟:「願一切有情具有世俗的和究竟的安樂。」想像布施你過去、現在和未來的一切安樂給每一位有情,觀想那化為他們所希求或需要的東西,令他們證道,而所證的道令他們淨除所有的染垢。

如果你不發慈悲心,就絲毫得不到無邊如虛空的利益。其他有

情是我們生命中最慈愛者，我們應當只珍惜並服務其他有情。他們需要安樂而非苦難，為一切有情成辦這一點是我們的責任。

愛與祝福，

喇嘛梭巴

- 過去我曾經以同樣的方式對待他人。
- 我是在為其他有情經歷這個困境。
- 我要把苦布施給我的「自我」。

夫妻失和

．．．．．．．．．．．．．．．．．．．．．．．．．．．．．

親愛的喇嘛梭巴：

　　我的丈夫和我近來不斷的吵架。他的事業並不順利，當他在工作時，我則必須操心家中的債務。雖然他非常勤奮地工作，但是他的努力是否有幫助仍是未知數，而家中的煩惱都落在我身上。他一回到家，根本不想再聽到任何問題，可是我必須把問題講出來。他做的事業照理應當是用來幫助我們的家庭，不過他似乎沒有時間去考慮我們到底需要什麼。每次我盡力想和他共同解決問題，卻反而把事情弄得對彼此都更困難。

　　仁波切，請問您有什麼建議？我該怎麼做才能讓家境好轉呢？

愛，

維妮（香港）

．．．．．．．．．．．．．．．．．．．．．．．．．．．．．

摯愛的維妮：

　　如果婚姻不順利，或許你應該嫁給諸佛和本尊！你認為那會怎麼樣？我猜你還是會和本尊吵架——當然在那之前，你必須見得到本尊才行。最好是你自己變成本尊，那是最佳的婚姻，爾後你就可以和一切苦和煩惱告別了！

　　在那發生之前，當你仍和丈夫在一起，而困境生起時，唯有轉變你的心，以完全相反的態度接受自己的遭遇。

　　用不同的方式去安立困境：「這真是太妙了！太好了！」

　　為什麼太妙了？因為你可以代表所有遭逢人際關係問題的有情來經歷這些困境，而他們的困境可能比你更糟糕十萬倍。你可以代表現在乃至將來遭逢人際關係問題的一切有情，來經歷這些困境。

　　思惟：「他們所有的一切人際關係問題，都由我來承擔，由我來承受。」

　　你把那些困境吸入你的「自我」，而自我正是造成你所有困境的罪魁禍首。你把你的自我當作敵人般消滅掉，自我就蕩然無存了。

　　時常如此思惟，非常好。

　　觀想：取受其他有情的苦，並且把你過去、現在和未來的功德，施予六道一切有情以及中陰的有情。

　　其他時候，每當遭逢人際關係問題或其他困境時，立刻思惟：「我正在代表一切有情經歷這個困境。」

　　每次你這麼做時，都會累積大量的功德和福報，是在種下最上善的因，讓你得以成就佛果，從而救度無數有情脫離苦及苦因，帶領他們全都成就佛果，包括你的丈夫在內。這是享受人生、歡喜地經歷人生困境之道。

　　這種經歷會讓你從中得到最好的成果和利益。做這種修行時，你真的會很感激你的丈夫，由衷感受他的慈恩，你會看得出他是非常可貴的。一旦你看得出這種修行的利益，就會開始喜歡它，想要達到這樣的成果。我們喜歡金錢，是因為金錢可以讓我們成辦某些事情；同樣的，你可以藉由經歷這些困境，成辦無限的利益。少了你的丈夫，這將不可能實現，是他給了你這樣的機會。

請享用這個法門，一旦你實際去修持時，會覺得自己好像不是置身在地球，你將乘坐菩提心航空公司的班機遨翔。

不是乘坐荷蘭航空或英國航空，其他航空公司都有墜機的可能，但菩提心航空公司絕對不可能發生這種事。菩提心航空公司是最安全的。

愛與祝福，

喇嘛梭巴

·我可以代表遭逢人際關係問題的一切有情，經歷這些困境。

離婚是不是有錯？

. . . .

親愛的喇嘛梭巴：

此刻，我正在經歷一段很糟糕的時間。結婚幾年後，我的太太提出離婚的要求。我已經很努力維持這份關係了，但似乎不管怎麼做都無法滿足她，我們雙方已經痛苦一陣子了。現在她想要結束這段婚姻，我感受到嚴重的挫敗。離婚是不是有錯？我可以做什麼來挽回這段婚姻？

祝您身體健康，

查理（哥本哈根）

. . . .

親愛的查理：

該離婚，就讓它發生吧！不要太沮喪。離婚意謂你在經歷前世造惡業的果報，例如，和別人的配偶邪淫，或在不當的時間或地點行淫。離婚也可能是誹謗、離間，造成他人分開的業果。所以，

思惟：「她現在離開我，正好讓我化解帶來這種果報的舊惡業。」

這就好比毒藥離身，如果你以積極的方式看待這種情況，就會較心平氣和。

思惟：「凡是我生命中最好的，都應當奉獻出來，利益有情。凡是我所經歷的，不管是稱讚、譏毀、甚至是墮入地獄，願那一切對所有的有情都最有利益，令他們儘速成就佛果。」

這是你應當修習的最好心理建設。

你真正的工作是饒益有情，帶領他們成佛。這樣去思惟，你就

可以把自己的困境當作去除苦與樂的藥物。孔雀奮力去吃有毒的植物，雖然在其他有情看來，那只不過是毒物罷了。把自己痛苦的經驗當成是在為其他一切有情經歷困境，就如同把它變成最好的藥物和最佳的成佛之道。

我們帶著瞋心和嫉妒，在人際關係方面吃盡苦頭，其實我們大可運用這些來生起慈悲心。你的太太是在開導你出離輪迴和貪慾，幫助你學會斷除貪慾，藉此向你揭示解脫之道。

放下貪執，就會找到滿足。

愛與祝福，
喇嘛梭巴

> ．我唯一真正的工作是服務眾生。
> ．我的太太是在向我揭示如何斷除貪執。

要求離婚，會有什麼業果？

. . . .

親愛的喇嘛梭巴：

我很認真的想和丈夫離婚。我們相處得並不好，他也似乎不太能理解我學佛。結婚多年來，這段婚姻似乎已經沒有生命力。但是我不想傷害他，因為我覺得他不能接受這件事，他可能會認為我們已經結婚太久了，不該分手。

如果我要求離婚，會有什麼業果？我的丈夫只是一個人，而我已經跟他親近了好多年，作為他的太太，我的確有獨特的責任。仁波切，我應該怎麼做才好？

愛，

亞曼達（波特蘭市）

. . . .

親愛的亞曼達：

離婚只是另一種行為，就像飲食、走路或睡覺，行為是善或惡，都取決於動機。

在做人生的決定時，如果是基於利他的目標去分析，就會清楚得多了。如果有利益，就去做；若沒有利益，就不要做。如果你的行為缺乏一個清楚的目標，就會舉棋不定。

一般來說，做決定的時候要考慮的目標，只有兩種可能：

為了謀求自己的安樂？還是為了謀求其他有情的安樂？

為什麼我們必須考慮利他？因為人生的目的是要對其他有情有用處，解除其他一切有情所有的苦，所以有必要在這個基礎上做決定。

思惟：「其他有情非常慈愛。」

即使是為了生產一粒米，人們必須在田裡插秧，然後再移到另一塊田地生長，還必須灌溉。等到土地施肥之後，有許多螞蟻和其他眾生會被殺害。光是要生產一粒米，就已造下非常多的惡業。既然有這麼多有情只為了一粒米而受苦，那麼你絕不能夠只想到自己

有情受苦，我們才能夠

情的慈恩，我們才得以存

，而不能夠棄他們於

愛與祝福，
喇嘛梭巴

為離婚的對方祈福

. . . .

親愛的喇嘛梭巴：

　　我的婚姻陷入困境，先生和我再也無法相處了。我們不斷的吵架，只要他一出現，我就怒氣沖天，反之亦同。我們盡量避開對方；當我們在一起時，彼此幾乎不講話，以免爭吵。我再也看不出我們之間的關係有任何好的一面，事實上，在一起反而更有害處。對我來說，在他面前保持善心是不可能的，我想，對他也一樣。我已經提議離婚，但是他並沒有說什麼。

　　請問您的看法如何？您覺得我們是否應該想辦法繼續在一起，或者離婚對我們比較有利？

祝福，

思姆特柏（伊斯坦堡）

. . . .

親愛的思姆特柏：

　　我往往會勸已婚夫婦盡量想辦法解決問題，不過以你們的情況來說，我建議你們分手，再各自找其他伴侶，對雙方會比較有利。

　　雖然你沒有那樣的業，讓你們之間的關係有利益，不過你們會在一起的事實，表示你們之間有一些舊業要處理。你所嫁的人，是由你的煩惱和業所創造出來的，所以，你是嫁給自己的煩惱和業的果報。

　　解決之道是扭轉情勢，讓這份關係善了。為此，我建議你，

為你的先生祈福，但願他能找到另一位吸引他的女人，且她會裨益他的心。

　　這樣一來，他會懷著歡喜心和你和諧地分手。如果祈福的動機是要讓結果最有利，所做的祈求自然會更有力量。

　　為此，你必須淨化和丈夫之間先前的舊業，祈求他能夠找到適當的伴侶。在業被淨化之前，還得經歷困境。

愛與祝福，

喇嘛梭巴

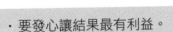

・要發心讓結果最有利益。
・在業被淨化之前，還得經歷困境。

隨喜前夫再婚

. . . .

親愛的喇嘛梭巴：

　　我正試著決定是否去澳洲拜訪我的前夫和他的新婚妻子。我擔心自己會嫉妒，也害怕他不知道會如何對待我。您也許記得我們在一起時有些坎坷的時光。現在他住得很遠，我沒有把握不在自己的地方時，能否理智的應變。他們已經邀請我，但我不知道是否應該成行。

愛，

傑姬（慕尼黑）

. . . .

親愛的傑姬：

　　我建議你去澳洲看看情況如何。當你在那裡時，修安忍、修隨喜，以及修布施，尤其是隨喜你的前夫找到令他歡喜的妻子。

　　你的內心應盡量去感受他的安樂，而不是你自己的安樂。記住你的前夫曾經和你在一起好多年，當你處境艱難時，奉獻自己的生命照顧你。他全心全意照顧你，讓你有機會學佛。

　　這是你修行的大好機會，也是一大挑戰。總之，恆常為有情修隨喜──隨喜他們值遇佛法，獲得自由、財富、教育或其他的好東西，為他們感到高興。這會讓你的心滿足，對你的身體，例如高血壓也會有幫助。我們恆時需要修隨喜。

摯愛與祝福，

喇嘛梭巴

> ・隨喜其他有情的安樂，對我的心有裨益，也對身體，例如高血壓有幫助。

金 錢

親 愛 的 喇 嘛 梭 巴

政府拿了我的錢

. . . .

親愛的喇嘛梭巴：

我嫁給一個很有錢的人，他擁有一家很大的公司。我曾經設法用錢去幫助窮人、病人，而且經常為付不起醫藥費的人付錢。

我的先生死於1978年，那時候我們國家（我已經不再住在那裡）的總統挪用了公司的基金，說是政府需要十億美金，以後會把錢歸還我們。這是我們家的錢，根據我先生的遺囑，這筆錢是要分給家人的，但這筆錢似乎永遠拿不回來了。

仁波切，您有什麼建議？

祝福，
蓓蒂（澳洲）

. . . .

親愛的蓓蒂：

你不妨試著隨喜總統和政府獲得那筆錢。

隨喜別人的好運是很容易累積功德的方法。十億元是一筆很大的金額，如果你修隨喜，會獲得相當大的功德。功德越大，就能夠賺更多錢。你甚至可能會賺到更多錢，超過你的損失。

思惟：「有朝一日連地球都會變成空無一物，到時候這一切沒有一樣還會存在。我們勢必要留下一切，包括自己的身體、家人、親戚和財產──一切的一切。」

我們遲早必須和他們別離。即使政府沒有把錢拿走，一旦死亡來臨時，你也得把錢留下來。死亡和這種別離隨時可能發生。

生命並不久長，只有少數人能夠活到一百歲，所以，大家還是

以積極、歡喜的心互相對待比較好。最好積極地看待這種情境，因
為那會令你歡喜。你歡喜，也會讓大家皆大歡喜。

摯愛與祝福，
喇嘛梭巴

> ‧ 我可以積極地看待這種情境。
> ‧ 當我死時，並不能把錢帶走。

朋友欠我錢

. . . .

親愛的喇嘛梭巴：

　　我的一位女性朋友前一陣子跟我借錢，但一直都沒還，我也讓她一拖再拖。因為我想要修行，所以現在已經不工作了，我的錢可能比她還要少。我即將閉關三年，所以需要這筆錢。我應當如何處理這件事呢？

愛，
凱特琳（聖荷西）

. . . .

親愛的凱特琳：

　　我建議你要求那個人，盡能力所及還給你一些錢，因為現在你有重要的理由，所以那筆錢必須還給你。

　　然後，不管她還有多少錢沒有辦法還給你，你應當在內心把那筆錢供養給她，當作是行布施。

　　這是菩薩的修行。

摯愛與祝福，
喇嘛梭巴

增加財富

∙ ∙

親愛的喇嘛梭巴：

我一直有財務上的困境，不知道為什麼，事業突然走下坡。雖然我自認為勝算在握，而且事業上的運作模式也很上軌道，但是似乎隨便什麼問題都會毀掉一切。我將要修您所建議的瞻巴拉法，驅除似乎阻塞一切的障礙。可否請您指點怎麼修這個法最好？

愛，

朵拉（新加坡）

∙ ∙

親愛的朵拉：

在此說明如何修瞻巴拉——賜財之佛，讓這個修法最有利益，為你帶來成功和財富。

1.首先，本著菩提心，發願獲得財富以滿足你的師長，以及保存並弘揚佛法的僧眾物質上的需要；還有，缺乏佛法和物質的有情物質上的需要。

修瞻巴拉法，是為了即刻獲得所有的一切。重點是要這樣禪修。

2.一面倒水在瞻巴拉像的頭上，一面持咒，同時觀想瞻巴拉實質上是你的上師。供水並思惟你已經生起廣大如虛空的大樂，而且瞻巴拉受到鼓舞，連一秒鐘都不延遲地即刻賜給你一切成功、財富，以及你所希求的一切。

非常重要的是，不僅修瞻巴拉法，你還必須

3.對其他有情修布施和慈心，並供養上師、佛、法、僧。

在日常生活中把握機會多造功德，這是帶來成功的基本因。如果有人非常吝嗇，沒有修太多的布施，可能必須花非常長的時間，

才可望透過修瞻巴拉法獲得成功。

日常生活中，要盡量把握機會修布施。比如遇到乞丐時，盡自己的能力所及布施。不一定是街上的乞丐，也可能是其他任何人，有人到你家時，供養他們食物和飲料。

4.藉由行布施，把握修行佛法的機會。尤其是供養你師長的其他弟子，思惟他們和你的師長同一體性，這會造下廣大如虛空的大量功德，遠超過供養三世諸佛、法、僧，現存的無數神聖的佛像、經典、擦擦（小佛像），以及畫像。

5.閱讀《金剛經》也很好。這會造下不可思議之多的功德，勝過供養諸佛菩薩。

6.禮拜佛，尤其是禮拜一切諸佛、聖像、經典，也是非常具威力的累積功德之道。

禮拜時，你覆蓋在身體之下的微塵數有多少，所造的功德就有多少，而且造下這麼多成佛的因。

另一種累積功德的方法是，

7.持誦無量壽佛的長咒。持誦這個咒帶來長壽——不僅是你，還有你為他持咒的對象。此外，還有淨除惡業的功能。印經咒也會累積功德，例如《心經》、《金剛經》或任何開示智慧的經典。

8.修隨喜。每當你隨喜自己過去、現在和未來的功德，那些功德便會增長兩、三倍。隨喜其他有情的功德，也會累積功德。如果其他有情的心識層次比你低劣，你造的功德是他們的兩倍之多；如果他們的心識層次和你相等，你便造下等量的功德；如果他們的心識層次高過你，你所造的功德便是他們的一半。你會整天整夜都想修隨喜——就只修隨喜！

藉由隨喜，你可以在數秒鐘之內造下可能要花好幾千年才能夠

累積的功德。你不需要準備任何東西,只要透過意念。你隨時隨地都可以修隨喜——走路、慢跑、吃東西、躺在海邊等,這是一個非常奇妙的法門,可以讓你迅速獲得成功、財富、菩提道的證量,並利益其他有情,尤其是為一切有情而成佛(那也會為你帶來佛果),而且救度數以千計的有情解脫輪迴之苦,帶領他們臻至圓滿的佛果。

　　還有,在菩提道次第的教法中提到藉由積資四力來累積功德或獲得好運,其中之一是心態的力量,這是指菩提心的動機。

　　凡是本著菩提心所做的一切,不管是做什麼,都會造下大量的功德。

　　當你為了饒益其他有情而做某件事情時,你走的每一步都是為了一切有情,都會造下無量功德。例如你所持的每一句咒,都會累積非常大的功德。

摯愛與祝福,

喇嘛梭巴

> ・我必須藉由行布施,把握修行佛法的機會。
> ・我可以在走路、慢跑等等,隨時隨喜其他有情的功德,藉此累積功德。
> ・只要是本著菩提心,不管做什麼事情,都會造下大量的功德。

耗盡財運

. . . .

親愛的喇嘛梭巴：

　　由於我非常努力工作，而且下了很大的功夫，使我一度成為成功的商人，在香港和美國擁有許多資產。幾年前，我決定展開新事業。我盡力僱用最佳的人才，投資大筆金錢，確保事業成功。儘管我已經盡了最大的努力，但是生意還是一直賠錢。事實上，因為我無法償還抵押貸款，已經賠掉好幾個最好的資產。我目前的危機是，可能會賠掉這些年來努力掙得的一切。

　　我無法成眠，也生了重病。我不是壞人，而且自覺已經做了最好的決定，我不明白為什麼會有這樣的下場？我可以做什麼事來制止這個事業繼續虧損？

誠摯地，
哈若德（香港）

. . . .

親愛的哈若德：

　　重要的是本著強烈的信心修行。

　　你已經耗盡往昔的善業所感得的富裕。當你還有機會時，並沒有善用財富去供養佛、法、僧及布施有情，藉此創造更多的善業和財富，反而懷著執取今生的貪慾，自私自利地耗用最近的善業，而且沒有再造善業，所以把福報都耗盡了。這就好比努力工作，累積了很多錢，然後把錢全部花掉，沒有做任何的儲蓄或投資，所有的錢就都花光了。

當你享有善業的果報時，應當懷著利他的善心，繼續創造更多的善業。

這樣一來，你將會繼續興旺。

摯愛與祝福，

喇嘛梭巴

· 我必須用財富來利他。

事 業

親 愛 的 喇 嘛 梭 巴

障礙重重

∙ ∙

親愛的喇嘛梭巴：

我已經禪修佛法大約五年了。最初幾年我確實感到自己的心很明顯地比較平靜，生活也比較平順。但是最近兩年，我丟了工作，而且生了重病。有時候我想也許是自己修得不對，障礙才會不斷的出現，而不像最初幾年事情都很順利。我做錯了什麼嗎？

愛，

瑪麗亞・伊蓮娜（畢爾包）

∙ ∙

摯愛的瑪麗亞・伊蓮娜：

聽到你失去工作而且生病，我感到非常遺憾。你很清楚這是輪迴世界的本質，諸如此類的事情會發生，是因為我們過去不同的業。

當你修行佛法，至心服務其他有情時，往往會在今生淨除往昔非常嚴重的惡業。本來會墮入地獄好幾劫的業，可能轉現為逆境，例如生病或今生的困境。

還有，

思惟：「我成功了，我過去曾經發願要取受其他有情的苦，現在所有的果報現前了，我是十分幸運的人，是最幸運者。」

大愛與祝福，

喇嘛梭巴

∙ 有壞事發生是很自然的。

事業的困境

. . . .

親愛的喇嘛梭巴：

　　我目前在一個佛教的慈善機構工作，並且遭逢事業上的困境。為什麼會這樣？有什麼我可以做的事嗎？

愛，
謝拉（加州）

. . . .

摯愛的謝拉：

　　你好嗎？

　　當你從事的計畫對有情的利益越廣大、越深入，往往會生起障礙——不一定是每一次，但是經常如此。

　　你必須有相當大的功德，才能夠提供那種服務；否則，有情可能早就輕易地成佛了，不會有任何有情留在輪迴當中。

　　你所做的是很重要的工作，令你的人生具有意義。雖然無法賺很多錢，但是功不唐捐。本著善心服務其他有情，即使因而失去整個事業，還是會從中獲得大量的功德。如果你從目前的努力中並沒有賺到很多錢，但遲早一定會享受果報的。

　　大多數人的情況是，雖然可能賺了好幾十億，但純粹是為了自己和今生，所以一切都形成惡業。他們整個人生都是惡業，種下轉生惡趣的因。情況如此，更不用說這種人生是空洞而毫無意義的。

　　由此可見，這兩種生活的極大差異：一者是只為自己工作，另一者是服務有情和佛陀的教法。

來自勞多米老鼠的摯愛與祝福，
喇嘛梭巴

> ・為其他有情工作，令我的人生具有意義。

找不到工作

. . . .

親愛的喇嘛梭巴：

我一輩子都不是重視物質享受的人，所以不是很在乎金錢，而比較在意修行。兩年前，我環遊世界回來後，決定在倫敦定居。自從我回來後，一直無法找到一份穩定的工作，也很難找到好的住所。我覺得請求您指點物質上的成功有點可笑，不過，我開始了解到自己需要有一些基本的物質福利，才能夠順利地繼續修行佛法。

至極祝福，
肯尼（倫敦）

. . . .

親愛的肯尼：

做水供、燈供，以及盡你的能力所及，做其他的供養。每天做，多多益善。

供養時，

思惟：「一切諸佛都是我的上師。」

不管你是和哪一位上師結法緣，例如，達賴喇嘛尊者，從事和上師有關的行為，業果最大，所以藉由供養你的上師，累積的功德最大，遠超過供養無數的佛、法、僧、佛像、佛塔、聖像等等的功德，會帶來最迅速的成功和安樂，不僅是今生，還有來生，包括究竟成功——解脫和圓滿佛果。

達賴喇嘛尊者往往會建議大家，

在日常生活中，盡量對其他有情修善心，甚至在小事上也要幫助其他有情。另外，也要對其他有情修布施。

結果是，你所有的願望終究都會實現。

摯愛與祝福，
喇嘛梭巴

訴訟

親愛的喇嘛梭巴

被誣告

· ·

最摯愛的喇嘛梭巴：

　　我頂禮上師喇嘛梭巴仁波切的足下。

　　我是西班牙某佛法中心的學員，現在正在修「認識佛教」的課程。這一次我非常幸運獲得許多具格師長的教導，使我更親近佛法，更深入地學習，為此，我無限感激師長、中心以及所有的工作人員。

　　我寫信給摯愛的上師喇嘛梭巴仁波切，是因為我正遭逢人生的困境。我擔任護士已經有二十年之久，一直都是悉心照顧病患。

　　四年前，我幫一位嬰兒注射疫苗，家長指控我傷害小孩的腿，所有專家們的報告都對我有利。我也可以向上師保證，我並不是令小孩受苦的肇事者，但是結果他們還是告到法院，要我坐牢二十六個月，兩年期間不得工作、領薪水，還要賠償四十五萬元。

　　我了解，只要無畏、無怨地願意接受這個遭遇，不要排斥，這些障礙就不會真的形成障礙。我也了解，可以藉由這個機會來淨除內心由宿業所引生的煩惱。

　　我知道珍貴的上師，您有更重要的事要處理，我的痛苦和其他有情比起來，實在微不足道。然而，我祈求您在做功課時記得我和我的家人，讓這些障礙得以消弭，讓我不至於為了這輩子沒有造過的業而被判刑，而且讓我永遠不會遠離佛法。

誠摯的祝福，

佛納達（巴塞隆納）

· ·

摯愛的佛納達：

　　非常謝謝你的慈函。我會為你和你的家人祈福。

　　我查過，如果你能夠唸誦《金剛經》八遍，會非常好。如果你

能夠唸誦更多遍會更好，不過請你至少要唸誦八遍。

義大利有一位學員是醫生，她說她曾經治療一位懷孕的母親，不知道出了什麼差錯，嬰兒還沒有出生就死了。那個母親告她犯了疏忽罪。那位醫生告訴我，她不可能疏忽，那只是無可避免的事。總之，案子被送到法庭，醫生非常焦急，她知道自己完全是無辜的，可是又很確定那牽涉到醫療聽證，她可能會被罰款。她一直在想：「雖然在這個案件中我是無辜的，但你無從得知怎樣的業會成熟。」

我占卜的結果是，她必須唸誦《金剛經》八遍。她在上法庭的前一天晚上接到這個訊息，基於很大的信心和依止心，她立刻上網找到《金剛經》，下載後，通宵唸誦八遍。隔天早上她上法庭，勝訴了。他們說，她是無辜的。所以，你唸誦八遍《金剛經》也會很好，而唸誦更多遍會更好。

非常重要的是，誦經時不僅是本著不被控告或是獲得勝訴的動機，為自己的訴訟案件迴向，而且還要發心救拔許許多多有情脫離輪迴之海，以及輪迴的肇因，帶領他們達到最高的佛果。

為此，自己必須成佛，尤其是了悟空性的智慧。

如果在訴訟案件了結之前，你能夠每天持黑訴訟案咒四圈念珠，將會很好。

請懷著菩提心並禪修菩提道次第，會令你的人生具有意義。

摯愛與祝福，
喇嘛梭巴

· 禪修菩提道次第令我的人生具有意義。

要不要打官司？

. . . .

親愛的喇嘛梭巴：

此刻我有很多訴訟的麻煩，我花了很多時間和金錢在兩件訴訟案件，挫折感越來越重，因為我不知道是否值得力爭到底。

其中一個案子是我投資了一個日本公司一大筆錢，有人偽造文書，指稱錢已經用在投資上面了，然後捲款潛逃。我設法控告該公司，但是公司拒絕負責任。有一位律師花了好幾年追蹤這個案件，還是毫無結果。如果我撤銷訴訟，就會損失十八萬元的訴訟費。請問：我到底應該繼續或撤銷這個案子呢？

另一案子是我借給一家公司一大筆錢，而他們不還錢。我到法院提出告訴，而且獲得勝訴，但是那家公司還沒有把錢還給我。請問：我是否應當進一步循法律途徑，逼迫對方償還？

愛，

葛林第（波士頓）

. . . .

親愛的葛林第：

一般來說，佛教徒不應當控告別人，不過還是要看情況而定。打官司必須對別人有利益。

1.就第一個案子來說，我的占卜顯示，打官司對你比較好。如果你必須這麼做，就要懷著悲心去做，並避免對別人不悅。懷有悲心就會避免自己造下令別人不快的惡業，本著這樣的動機，繼續再試七個月看看。

思惟：「我將把從這個案子所獲得的錢，用來利益有情。」這樣一來，它就成為積極的善業，造下成佛的因。

思惟：「我的所作所為，將不是出於懷恨他人。」

2. 就第二個案子來說，我的占卜顯示你很難從他們那邊拿到錢，這似乎是不可能的。你可以把這個經驗當成修行，當別人不還你錢時，你透過修行從他們那裡所獲得的，遠比拿回你的錢還要多得多。

首先，要有正確的動機。

思惟：「我借給這家公司的錢，都要布施、供養給一切有情。」

雖然這筆錢實際上不會到一切有情手中，但只要你由衷地如此迴向，就會造下等同把錢供養給他們的功德。

想一想佛曾經百千次為有情而犧牲生命，達三大無數劫之久。佛這麼做的理由是，其他有情需要安樂，不願意受苦。為了達成這些目標，你必須積集兩種資糧：智慧資糧和福德資糧。佛這麼做了，因而證道、成佛，然後開示佛法、整個成佛之道。佛陀揭示如何救拔有情解脫苦及苦因，如何藉由驅除內心微細的染垢而成就佛果，這是你必須思惟的一個典範。

如果你懷著善心，把這筆錢布施供養給那家公司，就成為佛法、善行和布施，如同菩薩的行持。由於你是本著菩提心的動機來行布施，所積集的功德廣大如虛空，你將會有驚人的成就，你供養的每一塊錢都會帶來成佛的因，這意謂你供養了多少錢，就會造下多少成佛的因。

由這個布施有情的行為，你造下了許許多多來世得安樂的因、今生的成功，以及無法算計的功德。

摯愛與祝福，
喇嘛梭巴

· 布施造下許許多多來世的安樂因、今生的成功和功德。

風水師被控告

. . . .

親愛的喇嘛梭巴：

　　我是一個風水顧問師，最近我幫一名客戶指點房子裡面的各種擺設，使事業更興旺。她按照我的指示去做了之後不久，事業卻走下坡，損失了一大筆錢。現在她聲稱是因為照我的話去做，才會發生這種損失，過咎在我。事實上，她正在告我。我該怎麼辦呢？

愛，
蘇西（新加坡）

. . . .

親愛的蘇西：

　　你可以解釋，雖然的確有很多人經過你指點風水而獲益，包括事業興旺等等，這是確實的經驗，不過，單靠風水，並不能保證成功，當事人也必須有福德。

　　你可以解釋，有很多方式可以讓不信業果和輪迴的非佛教徒累積福德。在日常生活中修慈悲心，幫助其他有情而不求回報或懷有利己的想法，就是一個簡單的方法。

　　還有，你可以解釋，慷慨、服務其他有情、幫人解決問題，帶給他們和平、安樂，也能夠累積福德。

　　隨喜善念，以及慈愛、愛惜其他有情、布施等善行，而且對這些善念、善行感到歡喜，藉此可以累積福德。

摯愛與祝福，
喇嘛梭巴

這兩張照片：喇嘛梭巴仁波切在岩石上雕刻兩排藏文的咒語：上排是觀音的六字大明咒「唵 嘛呢 唄美 吽」，下排是尊勝佛母的心咒「嗡 仲 梭哈 嗡 阿彌達 阿育 達爹 梭哈」。2008年8月攝於美國。

· 單靠風水，並不能保證成功，當事人也必須有福德。
· 慷慨、服務其他有情、幫人解決問題，帶給他們和平、安樂，也能
  夠累積福德。

貪執

親愛的喇嘛梭巴

太過操心

. . . .

親愛的喇嘛梭巴：

在我的生命裡有很多貪執，使我一直不必要地耗費許多精力。我太過為身邊的人操心，我常覺得如果我能夠跳脫出來，專注在培養真正要的技巧和能力，可能會是更有效率的人。但是，我總是不斷的擔心朋友和財物。我如何才能夠進步呢？

愛，

吉爾（阿姆斯特丹）

. . . .

親愛的吉爾：

特別是對我們初學者來說，對治貪執最有力的方法之一是：念死無常。

思惟：「我隨時會死。同樣的，貪執的對境──另一個人，也隨時會死。」

死是一回事，此外，可能還會發生其他變化，對境可能會變化而變得討人厭。任何一天、任何一時刻，這都可能發生。或許會發生意外，身體可能會受傷或變形，隨時都可能變化，例如罹患痲瘋病等，諸如此類的事情都可能會發生。

有一種很有效的修法是：

思惟：「任何一天、任何一分鐘，我所貪執的對境都可能會變成仇人，做出我的貪執所不喜歡的事情。」

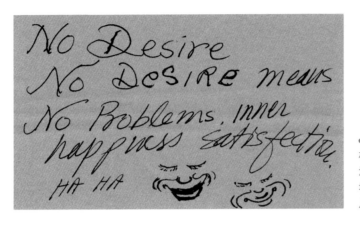

梭巴仁波切手書的便條：
沒有慾望，意謂沒有困
境；內在的安樂、滿
足。哈哈！

　　那個人所說或所做的，可能會違逆你的自我愛惜。例如，他可能對你失去興趣，轉而喜歡另一個人，這隨時都可能發生。還有，

思惟：「如果我容許貪執生起，將會在內心留下負面習氣，使得貪執一再冒出來。」

　　那將使我未來更難以處理貪慾。留下的習氣越多，將來貪慾越可能一再猛烈地冒出來，造成許多困境，最好記得這會使你的生活變得非常失控。

摯愛與祝福，

喇嘛梭巴

- 我隨時可能會死。
- 我的貪執境可能一下子就變成憎惡境。

貪執幸福美滿

. . . .

親愛的喇嘛梭巴：

　　我有一個很美滿的家庭，也很愛我的先生，我想大致上我是快樂的，但是有時候我會變得沮喪，擔心生命就這樣虛度過去，而沒有多做一些令生命有意義的事情。我知道世界上有很多苦難，但是不知道自己如何才使得上力。我想大概是自己太貪執於先生和家庭的舒適、美滿，尤其是我和先生之間的性關係。

　　當我周遭的環境不美麗、悅意時，我會不高興，甚至生氣！我不想僅只為自己而活，但是也很害怕失去這一切我所喜歡的東西。我想讓自己的生命對別人更有助益，不過，或許因為這些強烈的貪執，讓我有時候很難替別人著想。請告訴我如何過更好的生活？

祝福，

瑪莉亞（哥倫比亞）

. . . .

親愛的瑪莉亞：

　　如果你本著以下兩種心態從事日常活動，便是在趨近佛果：

　　1.禪修菩提道次第的教法——無常、業果、出離心、悲心等等的教法。這可能意指著發願要迅速成佛而過活，或至少每天在內心留下積極的習氣，做好心理準備。

　　2.培養真誠的心，懷著慈悲心做社會服務，也就是奉獻其他有情。這意指著由衷地為其他有情付出。即使你只能提供些許幫助，還是會獲得真正的滿足，猶如你已經用自己的生命做了積極、有意義的事情，這麼一來，每天、每個時刻、每秒鐘，你都在趨近佛果。

如果生命少了這兩樣東西，不管做多少禪修，也只不過是為自己而做，生命會變得黯淡，因為事事都是基於自我愛惜、慾望、貪執、執取今生，這一切都是不善業，死時你不會有任何善念，也不能夠捨離生命。

基於貪慾而為自己求歡樂，只會召來苦：

1.愛別離苦，你受不了和自己所貪愛的人分離，你的感受日益強烈，直到那份貪執變得不堪忍受。

2.嫉妒別人之苦。

3.你有諸多憂慮、恐懼，因而苦不堪言。

你會有許許多多的投射、焦慮和恐懼。萬一所貪愛的人起了變化或發生什麼事情，例如，對你不再感興趣，或者另結新歡，你會感到苦不堪言。那就好比內心發生災難或戰爭，你被自己的幻覺、恐懼等襲擊，痛苦萬分。你會傷害自己和對方，人生變成一場猛烈惡業的大戲，沒有任何可隨喜的事，也沒有可迴向的善業，你的心極度悲哀、不滿足。

> 你的生命由於貪執而完全浪費了，你沒有成辦任何有意義的事；甚至因為活得沒有目的，生命就終結了，使你抱憾而死。
> 死時你不會有任何善念，也無法捨離生命。
> 你帶著所有的惡業死亡，因為你絲毫沒有淨除一生中每分、每小時、每天、每年所累積下來的惡業。
> 不僅如此，因為惡業會增長，使你墮入惡趣。

其實，你大可享有長壽、安樂——來世的安樂、日常生活中內心的安詳，乃至究竟的安樂。你可以修行、禪修、淨除惡業、積集資糧，然而你卻隨順貪慾。世上大多數人都不明白這一點，他們毫

無概念，整個人生純粹是耗費在貪慾、性慾，如此而已。

所有一切的苦，都來自懷著貪慾過活，由此可見，世人如何為此而受苦。你可以看得出來，不懂得這個道理的人現在是如何受苦，甚至為自己的將來造下更多的苦。

如果不運用禪修，甚至少許的貪慾都非常苦。想一想那些人從未涉入善行，服務其他有情或具有慈悲心，就知道他們一生都在受苦。他們虛擲今生，甚至葬送未來。把生命耗費在一味地追求今生的快樂，例如成為有名的歌星、演員或總統，是完全浪費生命、毫無意義的。

如果無法百分之百地捨離今生，便意謂著無法捨離慾望和對今生的執著。

如果無法做社會服務（奉獻其他有情）或修習菩提道次第，生命就沒有意義，是空洞且虛度的。

不僅如此，那會形成惡業，導致未來接二連三的苦。你勢必要經歷那些苦，因為那些苦只會回到你身上。

你會經歷多少的和平、安樂，取決於你的心態。

如果你懷有貪慾，而且主要目標只在於追求一己的自由，那麼你恆時都在造惡業，你不會滋生諸如悲心、慈愛等善心；如果你的主要目標是貪圖今生、慾望、執著，其他有情對你而言並不重要，那麼你便是在製造更多的惡業、更不安樂的人生。不過，即使你還沒有完全捨離今生，如果你的修行是為了利他，那麼你必將更安詳、快樂；如果其他有情對你來說是生命中最重要的，你必將會安樂；如果在你的內心，其他有情總是擺在第一位，你必定

會非常安詳、快樂,很少有情緒方面的問題。

正向的成就和善業,取決於你多麼防護自己不隨順惡念,以及多麼保持積極的心態。

一切都取決於你對內心的貪慾和自我愛惜防範的功夫。本著利他的心念享受人生,和僅僅謀求一己的安樂而受用一切,兩者之間有很大的差異。甚至是純粹為了利益對方的性愛,都會形成未來安樂的因。

菩提道次第和好心腸這兩種心態,會對你的生命造成非常大的差異。本著這兩種心態,陽光普照;少了這兩種心態,貪慾和消極的心態所導致的便是黯淡的生命,其間的差異猶如霄壤之別。

摯愛與祝福,
喇嘛梭巴

· 我將每天思惟無常、業果和菩提道次第。
· 我將恆時本著利他心而生活,即使是在享受生命所帶來的歡樂時也一樣。
· 我所有的苦,都來自懷著貪慾而生活。

貪戀女友

. . . .

親愛的喇嘛梭巴：

　　我對我的女朋友有著極為強烈的貪慾，這真的令我非常掙扎。只要是跟她在一起的其他人，甚至是她的親友，我都會心生嫉妒。這種嫉妒使我做出平常不會做的事情，例如，為了細故而發怒或對她吼叫，導致我常常和她吵架，彼此像是仇人而不是朋友。我對自己的作為感到慚愧，再這樣下去，她恐怕遲早會離我而去。不過，我感到無法自拔，不知道如何跳脫這個窠臼。

至高的祝福，

德瑞克（挪威）

. . . .

親愛的德瑞克：

　　讓你的心堅強起來，激勵自己。貪慾蒙蔽內心，因而無法了悟空性。這會使你造下惡業，諸如十惡業；也會使你破三種戒：別解脫戒、菩薩戒和密乘戒。其中的別解脫戒是基礎、地基、大地，解脫從中而來；密乘戒則使你得以迅速成佛。

> 貪慾無法斬斷輪迴的根，反而令人留駐輪迴，受苦無盡。因此，我們必須戰勝煩惱，打敗貪慾這個敵人。自無始以來，貪慾一直把我們繫縛在輪迴之中，使我們在六道受苦，就猶如刀刃上的蜂蜜，表面上看起來很有益，實際上卻是在摧毀、欺騙我們。

　　我們或許以為有一位自性存在的美女站在那裡，其實她不是，那是我們的心捏造出來的。由於我們的幻覺而採信表相，其實那就像是一場夢或電影。我們投射出一個真實的女人，其實她並不是如

梭巴仁波切手繪的漫畫：
瘋狂的生活——自我愛惜、
貪執、無明；欠缺‥?‥?

同顯現般存在。我們完全地貪執那個幻覺，以為那裡有我們可以擁有的真實東西，其實根本不存在，而是我們無明心的投射。無明的心採信固有存在的女人。

要永遠謹記在心：向你微笑、讚美你、對你表示好感、為你的自我撐腰者，其實是你真正的敵人。

你依舊可以和伴侶在一起，而不對她生氣——只要心理上保持若干的洞察力和距離，當作是修出離心的一部分，因為這會遏止你陷入貪執。

摯愛與祝福，
喇嘛梭巴

・我必須戰勝煩惱並打敗敵人——貪慾。
・我一定不能夠再採信自己的投射。

貪執名聲

. . . .

親愛的喇嘛梭巴：

　　最近我的朋友們接二連三地去世了，這讓我想到自己的死亡和內在的生命，因而更精進學佛。我讀了帕繃喀仁波切對於宗喀巴大師《三主要道》的釋論，他提到甚至有些瑜伽士和大師也無法放棄對聲譽的貪執。

　　我感到十分震驚和一陣強烈的自我認知，我看見自己對名聲的貪執，雖然自己很發心，但是內心深處卻渴望被說好話、被讚揚，甚至出名。

　　我的問題是：一個人如何開始減輕對美名、聲譽的貪執？

祝福，
吉爾柏（雪梨）

. . . .

親愛的吉爾柏：

　　改變、發展心性得花很長的時間，正確的做法是懷著菩提心的動機。

> 如果具有菩提心的證量，以及空性正見和出離心，成名、有聲望是好的，因為這對你的心不會造成危險，反而會有大利益。

　　如果你是一位菩薩，即使其他有情傷害你，即使他們在今生和來世僅僅只是聽到你的名字，都會獲益。那是菩薩特殊的功德，令每件事都值得。一方面，雖然傷害菩薩的人造下惡業，但從另一方面來說，他們會因而獲益，一再地值遇那位菩薩。這是因為菩薩祈願唯令有情好事臨身，包括那些傷害其他有情或傷害菩薩的人在內。

這就好比把化學品放進巨大的水塔或儲水池中，讓水變得能夠飲用。雖然只是一點點的化學品，卻對好幾百萬人所喝的水產生效用。同樣的，具有證量的人，尤其具有菩提心的證量，就可以發揮非常大的力量，對世界有極大裨益；否則具有權勢、財富、名聲很大，都只是構成更多痛苦的助緣。

內心沒有佛法，缺乏出離心、菩提心和空正見的動機，不是懷著利他的善心生活，一切便都是苦。

不管你多麼有名望或擁有幾百萬元，一切都只是苦，沒有什麼了不起。

更多的權勢和名望，意謂著更多的苦，有更大的危險造下更多惡業。缺乏善心而擁有權勢的人，不僅自己受苦，還會對其他有情造成危險。

權勢可能被濫用，不但無法帶來大利益，反而會造成極大傷害；相反的，懷有善心，即使不具有菩提心的證量，其他有情也不至於有受傷害之虞，只會獲益。

看看達賴喇嘛尊者如何與眾不同：為世界上數以百萬計的人帶來猶如虛空般的利益，無法思量的和平、安樂；相對的，也有像毛澤東或希特勒那樣的行徑。這完全取決於一個人的存心如何，是不是懷有慈悲心。

另外，你可以想一想義大利的大賢者聖法蘭西斯如何利益其他有情——他徹底捨離輪迴的享樂，不喜歡被他人或弟子稱讚，只喜歡接受批評。

菩薩有時候選擇轉生在富貴家庭，以便能夠對其他有情行布施。另外，菩薩也以身作則地示現雖然他們擁有一切，然而在他

們看來，那一切只是苦。本師釋迦牟尼佛在見到輪迴唯苦的本質之後，捨離權勢和財富，到偏僻的地方去閉關。

愛與祝福，

喇嘛梭巴

- 更多的權勢和名望，意謂著更多的苦，有更大的危險會造下更多的惡業。
- 權勢可能被濫用，不但無法帶來大利益，反而會造成極大傷害；相反的，懷有善心，即使不具有菩提心的證量，其他有情也不至於有受傷害之虞，只會獲益。

瞋 心

親愛的喇嘛梭巴

氣夠了

. . . .

親愛的喇嘛梭巴：

　　最近當我變得憤怒，我在做早課時總會想：如果我永遠不再發脾氣，將會多麼快樂！反省起來，其實我從來沒有必須生氣的理由，但還是會一直生氣。我覺得很悲哀，就向耶喜喇嘛和您祈求幫助。

　　然後，當我一早到辦公室上班，電話鈴聲響起，是您要跟我說話。您第一句話就問：「昨天晚上怎麼樣？」我回答昨晚很糟糕，而且告訴您，我一直在思惟自己的壞脾氣，想要擺脫。您聽了似乎很高興，並給我很好的忠告。

　　我只是想寫信告訴您，非常感謝您一直以來的指點和扶持。

至上的祝福，

伯納德（都柏林）

. . . .

……以下是仁波切在電話中給伯納德的忠告。

伯納德：

　　對你的瞋心感到厭惡是好事，有助於讓自己解脫輪迴。對瞋心和所有的煩惱產生厭惡，有助於讓你迅速成佛。不厭棄煩惱，什麼事都不能夠成辦。

　　西方的思惟方式正好背道而馳，他們認為你必須保有貪慾、瞋心和強烈的自我。沒有一個強烈的自我就活不下去，所以要加以鞏固。

思惟：「隨順煩惱，只會令我造惡業。我追求安樂，可是隨順貪、瞋和其他煩惱，勢必只會受苦。」

隨順煩惱導致墮入惡趣——生為地獄、餓鬼或畜生。即使生為人，也會受很多苦，而且會一而再地由於隨順貪瞋以及其他所有的煩惱而造下惡業。因此，對你的瞋心產生厭惡是好事。

由於厭惡瞋心、貪慾等一切煩惱，你會開始捨棄這些煩惱，因為你已了解到其傷害性。厭惡煩惱是擺脫煩惱的唯一之道，是善兆，象徵你正在趨近佛果，因而得以饒益所有的有情。

· 對自己的煩惱產生厭惡是好事，這是擺脫煩惱的唯一途徑。
· 我要安樂，所以必須捨棄瞋心和其他煩惱。

生氣傷人

. . . .

親愛的喇嘛梭巴：

我是一家小廣告公司的美術編輯，有幾位部屬在我的部門。每當他們來不及在截稿之前交件，或交出的作品太草率，或在辦公室浪費時間，等等，我都會非常生氣。結果，我的暴怒傷害了不少人，也損失幾位好員工，他們掛冠而去，真的再也受不了我了。

請問：是否可能不動怒地指正員工不當的行為？在這種場合之下，我的生氣有幫助嗎？我是否應當接受就是有人會為此不高興而離去？我的瞋怒可能會如何傷害自己和別人？懇請您在這方面指點我。

至上的祝福，
克莉思婷(奧斯陸)

. . . .

梭巴仁波切的畫作

摯愛的克莉思婷：

這真的是修忍辱道的一大機會。修忍是為了獲得內在立即的和平、安樂。

思惟：「在我不動怒的當下，就不會傷害自己，不會令自己不安樂。」

每當心轉為惡心，就好比內在的一顆炸彈。在戰爭中被外在的炸彈炸死，不一定表示會墮入惡趣——你可能會投生上界。然而，瞋心的炸彈對你來說，將比任何外在的炸彈更惡劣億萬倍！一生起瞋心，就造下惡業，把你投入三惡道，讓你不得不在那裡受盡可怕的苦難，時間達好幾劫——不可思議之久！

寂天菩薩在《入菩薩行》中說，由於一剎那的瞋心所造下的惡業，使我們長劫墮三惡道，我們無法投生到安樂眾生之界。這甚至還沒有提及我們過去無數生中，由瞋怒所積造的惡業。

寂天菩薩還說，一剎那的瞋心會毀掉千年以來由布施、供養善逝如來等所積聚的功德！總之，瞋心有諸多害處。

第一個害處是，瞋心會令你在三惡道受劇苦。
其次是，瞋心會毀掉長劫的功德。
第三個害處是，瞋心會延緩證悟，看你是對誰生氣、對誰造惡業而有輕重之別。
第四是，瞋心也會使你來生身形醜陋。修忍則會令你來生的身形端美。

如上所述，生氣對自己極為有害。光是生氣一次都非常有害，由此可以想像，如果整天或好幾個星期、好幾年都在生氣，將是多

大的傷害。光是生一次氣就會帶來那麼多的苦，想想真是恐怖！

思惟：「如果我生氣，就不能夠真正和別人共事。」

他們會不開心而離去，因為他們對你很不高興，看到這種情況也會令你不高興。還有，你生氣會讓別人也生氣，接著又令你更生氣。你讓自己變成別人的出氣筒，用粗言惡語來傷害你、討厭你。如果瞋心越演越烈，甚至會傷身。

如果你安忍，就不會對有情生氣，這樣一來，有情只會從你那裡獲得和平、安樂。

每當你修安忍而不動怒，便是對世界和平做出最實際的貢獻，帶給世界和內心極大的和平、安樂。就其他有情來說，這不僅是為世界上的有情，而是為一切有情帶來和平、安樂。

如果今生能夠修安忍，來世就更容易修了！

在工作上只要你不喜歡，就可以撤換員工，但是這種情形會一再發生，令你很難安心。相反的，本著安忍，內心便可恆時安樂。儘管你在工作上的判斷可能是正確的，問題出在表達的方式，也就是基於瞋心所用的粗言惡語，這些都是多餘、不必要的，只會製造麻煩。看到有人犯錯，當然有必要向他們說明，不過，必須懷著慈悲心來表達，對他們沒有負面的感受。

即使是向別人說他做錯事，也應當只用慈愛的話語，也就是慈悲和智慧都要兼顧。

你有大好機會獲得修忍的經驗，每次醒來，就要這麼規劃，尤其是今天！一早沒有做堅決的計畫，當怒氣冒出來時，就不會記得

教法了。

　　在日常生活中越珍愛其他有情，怒氣就會越少。思惟自己所遇到的每一個人，都是過去諸多安樂的來源，也將是未來諸多安樂的來源，包括菩提道的諸多證量在內。所以，要尊重別人，對他們修慈心，特別是那些對你生氣的人。

　　總之，結論是：

1.修安忍。
2.由念恩而愛惜其他有情。
3.尊重其他有情。
4.對其他有情修慈心。

　　這樣一來，人人都會喜歡你、支持你，當你的朋友。看到你的心有所轉變、進展，會激勵他們，他們會感到驚訝而改變對你的看法。

　　非常謝謝你。

摯愛與祝福，
喇嘛梭巴

・瞋心的炸彈比任何外在的炸彈更糟糕。
・我的瞋心令別人不喜歡我。
・安忍令我安詳。
・我越珍惜其他有情，怒氣就會越減輕。

自尊心受創

. . . .

親愛的喇嘛梭巴：

　　有一位比我資深的同事經常羞辱我和我的工作，我覺得自尊心經常受創，時常會對這位同事反感和生氣。不用說，這個情況令我很痛苦，我的表現也就更差。

　　礙於家庭的經濟狀況，我目前沒辦法離職，所以我必須找出解決的辦法。

　　既然別無選擇，我知道應當把這種狀況當作自己修行的一部分。請問我該怎麼辦？

愛，

提姆（德州）

. . . .

親愛的提姆：

　　當我們的自尊受傷時，應當隨喜，那有多好啊！

　　自尊受傷時，我們應當隨喜，而且感到非常高興，就像普通人對仇人被害或遭遇麻煩時的反應一樣。

　　思惟：「我的自尊受傷，真是太好了！」

　　如果你修菩提道次第、轉念和菩提心，只要有任何事情傷害到你的自尊，都應當

　　思惟：「這正是我需要的，讓我的自尊得到甚至是更大的傷害吧！」

　　自尊受傷得越嚴重，我們就越能夠摧毀它。對待你的自尊，應當像很多美國人對待賓拉登一樣，出於無知而高興他受害。

思惟：「我的自尊的傷害性超過賓拉登不止億兆倍。」

愛與祝福，

喇嘛梭巴

・當我的自尊被傷害時，應當高興。

不信任別人

· ·

親愛的喇嘛梭巴：

我有一個痛苦的童年，因而很難信任別人。我一直設法不要責怪父母和環境，並且試著去了解我的現況是自己的業，不過，我還是很難相信任何人。我不知道這算不算是一種貪執；就經驗看來，我覺得這非常合理。

謝謝您花時間思考我的問題。

愛，

瓊（威斯康辛）

· ·

親愛的瓊，

禪修慈愛，好讓你的悲心增長。

了解其他有情的苦。主要是，切記慈愛。

愛與祝福，

喇嘛梭巴

梭巴仁波切手繪的笑臉：生命中有什麼比菩提心更好？我遍滿大樂，甚至連頭髮都是。

What is better then boddhicita in the life I am filled up with bliss. even the hairs.

朋友傷了我的感情

. . . .

親愛的喇嘛梭巴：

我很苦惱，因為我的朋友不能給予我所需要的，並且他也真的傷了我的感情，這令我非常生氣。我該怎麼辦呢？

愛，

妮菈（孟買）

. . . .

親愛的妮菈：

你必須修寬恕，否則你不會快樂，別人也不會快樂。

放下，把那件事情忘掉，不要再折磨自己了。

要了解這是你過去惡業成熟所致。然後，想一想其他有情必須經歷的一切不如意，由自己來承擔這一切，以便讓他們的一切經歷都順心如意，同時觀想他們所有的願望都實現了。

摯愛與祝福，

喇嘛梭巴

- 苦是我過去的惡業成熟的果報。

報復

. . . .

親愛的喇嘛梭巴:

　　我認識的某人最近故意深深地傷害我,令我苦不堪言,想要報復。我知道這是不好的反應,不過卻一直存在我的心中,揮之不去。我該怎麼處理這些反感呢?

摯愛,

羅菈(馬德里)

. . . .

親愛的羅菈:

　　以牙還牙並不是明智的決定。無論如何,他們所做的事會傷害到自己,必定會自食惡果,不久就必須受苦,而且將來多生多世都必須經歷逆境,千萬倍於他們所做的行為。他們的作為完全是無知而愚蠢的;沒有比這更愚蠢的事了,他們是在把自己投入地獄或劍刃上。

　　如果你懷著瞋心反過來傷害他們,也會有同樣的下場,這將令你長久陷入險境,千萬生遭受傷害,時間長得難以置信。相反的,為了改變他們,你若以和平的方式善巧地回應,他們將會領悟到自己的過錯。

　　你沒有反過來傷害他們,就不至於讓自己置身於比現在更惡劣的處境;如果你傷害他們,他們的親友將變成你的仇人,再來傷害你,沒完沒了地冤冤相報,這是傷害和瞋恨導致的後果。

愛與祝福,

喇嘛梭巴

喇嘛梭巴仁波切和侍者普
賢法師在美國華盛頓州的
山間訪查適合閉關的地
點。攝於2008年8月。

· 他們必定會自食惡果，不久就必須受苦。
· 如果我懷著瞋心反過來傷害他們，自己也會受苦。

傲慢
親愛的喇嘛梭巴

自豪與傲慢

. . . .

親愛的喇嘛梭巴：

　　我喜歡用許多方式幫忙別人，但是之後我察覺到對自己所做的善行懷有太強烈的驕傲感。我不想淪為幫助別人只是為了肯定自己的好，因為那只是自私地利用他人罷了。我應當如何修心，讓自己毫無私心，而不是自私地想要幫助別人？

愛，

蘿絲（澳洲）

. . . .

親愛的蘿絲：

　　幫助別人而感到高興並無妨。如果出現慢心，就想：「能夠幫助別人，是我的榮幸！」

　　專注於利益其他有情。如果你想讓他們喜歡你，讓你能夠為他們帶來更大的利益，譬如教導他們佛法，那是無妨的。

摯愛與祝福，

喇嘛梭巴

・幫助別人而感到高興，那是無妨的。

受不了自己的傲慢

. . . .

最珍貴的師長喇嘛梭巴：

我獻上對您的健康最誠摯的問候和祝福。您在世界上從事這麼多善行，祈求您長久住世，繼續把佛法散播到世界各個角落。

我想請示您有關傲慢的問題，這是我每天的掙扎。我的心一再地被傲慢所覆蓋，我認為自己有些特別，比別人優越，我很難接受別人想要給我的任何東西，因為我不需要任何人的東西。有人批評我時，我的慢心就很容易受傷而大發雷霆，就這樣沒完沒了。我真的很厭倦這種內心的交戰和痛苦，我希望能夠加以防範，但不知該怎麼做才好。請求您，可否告訴我一些處理這種負面情緒的方法？

愛，

亞利安達（巴塞隆納）

. . . .

親愛的亞利安達：

非常謝謝你的慈函。你問到有關傲慢的問題，這是我的建議，請務必記得：

每當慢心生起時，會在內心留下習氣，阻塞成佛之道。

如果你的傲慢是針對較低劣的對象──福報較少、證量較淺者，便會引生強烈的煩惱而造業，對你成就佛果的最究竟目標是很嚴重的絆腳石。

傲慢封閉了你的心，使你無法證悟。就像水無法停留在倒蓋的杯子上，只要有慢心，慧識或證量就無法入心。只要有慢心，你的心相續就不可能有進步的空間。甚至在世俗生活當中，你將無法和

別人相處。傲慢會引生許多過患，包括來生的困境。

正如轉念的教法中所說：

思惟：「我的內心有太多無明，我對很多事情一無所知，懂得很少，幾乎什麼都不懂，非常無知。」

思惟：「我的證量微乎其微，甚至連念死無常的證量都沒有。」

就這樣反省自己的過失，包括往昔的過失。像這樣的思惟，馬上會減輕你的慢心，有助於讓你尊重別人。

《入菩薩行》中說：「我希望來生獲得人身，而我所造的卻只是惡業和不善。」檢討一下自己的行為和動機，就會明白自己主要的動機只不過是著眼於今生罷了。

我們的行為大都是出於追求和執取今生安樂的貪執。我們一天二十四小時的心態，主要是貪心。這表示甚至我們修行佛法，也是本著這種動機而存有貪圖今生安樂的念頭。所以，你一天二十四小時的生活都成為不善，果報便是墮入惡趣。

見到別人醜陋、貧乏、毫無證量等等而生起慢心時，對治之道是思惟他們所具有的美德；那是一種對治。當你看到他們的美德，思惟「多麼了不起啊！」，並加以隨喜。隨喜也是慢心的一種對治。

思惟：「這些有情看起來好像有這些過失，可是我絕對不知道他們實際上是何許人，具有何種功德、證量如何。我無法看到他們的心，所以不能夠判斷他們是不是證悟了的佛菩薩。」

佛在印度曾經遭到某些異教徒毀謗，這些異教徒只見到佛的過失，無法看到佛身所放射出來的光芒，見到的只是一個有過失的出

家人。同樣的，當我們認為自己看到一位下劣的有情，實際上那可能是佛。這種思惟是慢心的一種對治。以上這些是你可以運用的方法。

慢心妨礙你愛惜其他有情，這會形成一大障礙，使你無法具有證量、修菩提心、成就佛果，進而利益、救度其他一切有情，帶領他們成就佛果。

我希望這些有關慢心的建議夠用。祝你有美好時光，把這些建議付諸實施，親自去體驗。

摯愛與祝福，
喇嘛梭巴

> ・傲慢在我的心留下負面習氣。
> ・懷有慢心，我就無法成就慧識或證量。
> ・我懂的事是多麼微乎其微。

憂鬱

親愛的喇嘛梭巴

享受你的憂鬱

. . . .

親愛的喇嘛梭巴：

　　過去三年來，我經歷了深度的憂鬱症。起先是因為我離婚，之後，我搬到一個新的城市，有了新工作和新生活，然而我還是無法擺脫憂鬱。憂鬱總是在背後像輕度發燒般，時而更強勢地冒出來。我已經試過一些常用的方法，譬如心理治療和使用抗憂鬱劑，但還是無法根治。有時候憂鬱會沒來由的出現，始終存在。

　　仁波切，請你指點我。我自覺已經試過每一種方法了。

愛，
伊麗莎白（蒙大拿）

. . . .

親愛的伊麗莎白：

　　非常謝謝你的電子郵件。

　　首先，要接受你的憂鬱。思惟：「是我過去世造的因，導致這樣的果報。」這會有幫助。

　　運用憂鬱來禪修，發展出離輪迴的心、菩提心和空性見。

　　你以這種方式利用憂鬱，讓自己永遠擺脫憂鬱。這是長期的觀點，這樣一來，你的憂鬱會變成最好的修行，是自我療癒的最上策。

　　服藥和遵從醫囑或許可能暫時緩和病症，但是通常無法消除憂鬱的業因，因為那是過去世所造的。到最後，一旦藥效消失，問題還是在那裡。長久的解決之道是，你需要淨障、福德資糧和正見。

　　如果是由於特定的原因而感到憂鬱，譬如人際關係的問題，就

需要禪思那個情境。如果你的憂鬱似乎毫無來由，就得做我在這裡解說的禪修。

運用憂鬱之道是，懷著悲心來經歷它。禪思你是在取受所有有情的憂鬱、痛苦及苦因，這一切降臨到你的身上，融入你的心。你的自我愛惜就這樣被摧毀了，甚至那個顯得好像真實存在的「我」、自性存在的「我」，也蕩然無存了。

抱持悲心，為那些比你更憂鬱的其他有情做這個練習。無數的有情多生多世經歷憂鬱，沒有止境。

思惟：「我僅僅是一位有情，不管受了多少苦，其他有情有無數之多，他們遠比我受更多的苦。」

思惟：「由於我所經歷的憂鬱，其他有情全都得以免除一切痛苦，享受安樂，乃至解脫、成佛。我是在為他們而經歷憂鬱，能夠這麼做，真是太好了，因為我的一切安樂都是其他有情的恩賜，他們是我生命中最寶貴者，我從他們獲得所有的安樂。」

然後對其他有情生起慈愛心。

思惟：「我必須讓他們享有安樂及樂因，凡是他們所想要及需要的一切，我都供養給他們，然後觀想他們所有的安樂轉成佛淨土的安樂，在那裡，沒有絲毫的困境存在。」

思惟：「他們從我這裡得到所需要的一切——最清淨、至高無上的感官歡樂、受用和美好，這使得他們實證整個菩提道，所有的有情就這樣成佛了。」

可能的話，早上、下午和晚上都要做這個取苦與施樂的禪修，五次、十次、二十次或更多次。花比較多的時間取走其他

有情的苦。

在飲食、走路和其他時候思惟：「我代表一切有情體驗憂鬱。」思惟：那不是我的憂鬱。

享受你的憂鬱，心甘情願地為一切有情取受這種經驗，交給自我，就這樣把憂鬱徹底消滅掉。

把你的憂鬱想成是在淨除往昔的惡業，如果現在不經歷，將來勢必要在地獄受報好多年，所以現在承受果報是好事。

思惟：「我是在承受往昔重大惡業的果報，經歷這種果報就是在淨業。」

就這樣，你運用憂鬱來成辦安樂，就好比轉化蛇毒為藥用。

你也可以運用憂鬱來積集功德。你的憂鬱變成淨障集資的前行，就像獻曼達和成千上萬的禮拜，如同持強力的本尊咒。運用憂鬱不僅僅是成辦世俗的安樂，而且成辦究竟的安樂。

把憂鬱轉為道用，運用它來發展對其他有情的慈悲心和菩提心，讓你更迅速地解除有情的苦，帶領他們成佛。

藉由思惟這一切利益，享受你的憂鬱。

摯愛與祝福，
喇嘛梭巴

· 我代表一切有情體驗憂鬱。
· 這不是我的憂鬱。

轉化憂鬱為安樂

. . . .

親愛的喇嘛梭巴：

　　我已經和憂鬱症奮戰了很多年，時常讓我不想修行。更糟糕的是，當我修行時，憂鬱症有時反而更惡化（有時候症狀的確會改善，而令我很興奮；但當憂鬱症復發時，我的心情又會很低落），最後，我開始非常懷疑禪修是否真的能夠止息我的痛苦。我聽說有些大修行者可以將極大的困境轉化成安樂，不過我不知道像我這樣的凡人到底能不能做到。

　　仁波切，像我這樣的人，真的有可能運用憂鬱來甦醒並保持安樂嗎？

祝福，

璜恩（墨西哥市）

. . . .

親愛的璜恩：

　　首先要做的是，

思惟：「有憂鬱症是好事，因為那是已經在修行、淨障的表徵。」

惡業以不同的層次淨化：

　　1.第一個層次：你永遠不會再經歷自己所造的業通常會感得苦果的業。

　　2.第二個層次：雖然感得果報，但不是累劫在惡趣受苦，而是化成今生一些比較微小的困境，譬如牙痛、頭痛或被人毀謗。令人無法置信的惡業以這些方式呈現出來，甚至僅僅化現為惡夢、生病、生意失敗、家庭或人際關係方面的災厄、別人虧待你、虐待你，也有可能化現為憂鬱症，這樣一來，你就永遠不必長劫在其

他各道受劇苦。

3.業淨化的下一個層次是投生到惡道很短的時間，受很輕微的苦。

因此，得到憂鬱症可能是好事。這種想法可以關連到任何困境，這樣一來，你會覺得困境是積極、正面的而泰然處之。你應當如此地去理解所有的困境。

思惟：「得到憂鬱症多麼好！」這賦予了你內在的力量。

比如把一顆石子投到岩石上，彈指之間就投中了。類似這樣，你所有的劇苦在頃刻之間化消了，這是很正面的好事，太美妙了！比起在地獄、餓鬼和畜生道中十分劇烈的苦，在人界所經歷的困境，簡直是大舒適，甚至是享樂。不妨把這連結到愛滋病、癌症或你的任何困境。

當你用水和肥皂洗衣服，污物會冒出來。起初是很黑的污物，這是善兆。你要把衣服洗乾淨，就必須讓污物冒出來。修行也是同樣的道理。惡業感果令我們生病，當我們修行佛法時，惡業很快就會冒出來。得憂鬱症就像那樣，所以應當隨喜憂鬱。業要讓它感果，然後藉由憂鬱症或其他困境來化消。肥皂和水就好比你的修行，所以許多修行人精進修行時，會遭遇諸多障礙。

那些不做任何修行或淨障的人，甚至每天殺害好幾千位眾生的人，或許身體很健康，活了好幾年，不過，這並非善兆。他們的惡業全部被儲存起來，將來必須受惡報的時間之長，簡直難以思量。即使不在惡趣受報，也要在人界受報好幾千世之久。這一生非常短暫，好比一瞬間，比起我們盡未來世或甚至在地獄界一世的時間，簡直微不足道。

班禪喇嘛確吉嘎千（Chokyi Gyaltsen）在編著的《上師薈供》中說：「器情世間充斥眾罪果，不欲之苦滂沱如大雨，加持認此盡惡業果因，然後轉諸逆緣為道用。」

> 思惟：「縱使我的人生一切都不順遂，居於惡地，人人都對我生氣，不喜歡我、毀謗我，甚至傷害我，我應當把這些經驗視為正因，藉此化消無始世以來我所造的重大惡業必定會感得的果報。」

梭巴仁波切手書的藏文字：阿

用這種方式，設法把逆境轉為順境，內心就會一直保持安樂。這是正確的思惟方式，合乎佛教心理學。

你可以理解，為什麼內心要一直保持安樂，還有為什麼教法中很強調這一點。如果內心不安樂，也會讓你的家人和周遭其他人不安樂。你也不可能愛其他有情，幫助他們或讓他們歡喜；你甚至不能夠對別人微笑——你連那麼微小的歡樂都無法給他們。

當你享受人生而且內心安樂時，內心會有許多空間想到其他有情，愛惜他們。你有空間幫助其他有情，對他們生起慈悲心。你甚至會微笑而帶給別人若干歡樂，你也會比較放鬆，把事情做得更好。

修行佛法的人，內心始終保持安樂，便能夠一直做禪修或必須做的功課；否則，如果因為沮喪而內心不安樂，你甚至可能停止修行，連一句唵嘛呢唄美吽都念不出來。當人生陷入困厄時，務必採取這種思惟方式，運用菩提道讓內心保持安樂，這是轉念的一個範例。

每天早晨在一天開始之際，要下定決心。

思惟：「不管我今天遭遇到什麼困境，都不要讓內心受到干擾。我不要讓自己怯弱，我要向困境挑戰，我要堅強。」

下定決心把困境轉化為安樂。

思惟：「雖然心相續是無始的，令我直到現在還無法成就佛果的是『自我』。」

思惟：「我甚至還沒有把握如果死亡到來，我是否一定會投生善道，因為我讓自己受自我愛惜的思想所掌控，所以我甚至沒有那樣的把握。」

「自我」從不讓我們有餘裕修行佛法，帶給我們不安樂，老是干擾我們，不讓我們救拔其他有情解脫惡趣和輪迴。自我也不讓其他有情幫助我們。自我令我傷害其他有情，也令其他有情傷害我。人生中發生的一切壞事，都是「自我」造成的：別人的毀謗、惡名、虐待、朋友反目成仇。和我和睦相處的人變得不和睦，也是由於我的「自我」。雖然我懂得佛法，卻無法修行、禪修，或者持咒、修本尊儀軌，這些都是由於自我作祟而造成的。自我不讓我聞思修佛法或閉關。當我們只會抽空做無意義的事時，那是自我的錯。

憂鬱症要做的禪修是，摧毀自我。你透過思惟，觀想把憂鬱症交給自我。

思惟：「讓我的自我得憂鬱症。為什麼我要有憂鬱症？讓自我得到我的憂鬱症吧！」

就這樣，你把憂鬱症當作最好的療癒，療癒無始相續的宿疾──自我愛惜的想法。憂鬱症變得非常有用，令人無法置信，尤

其是有助於獲得菩提心的證量。憂鬱症有助於讓我們擺脫煩惱的染垢，證量圓滿，反而變得非常寶貴。

摯愛與祝福，

喇嘛梭巴

- 我可以把不好的經驗轉為道用，把逆境轉為順境。
- 一旦我能夠保持內心的安樂，就有許多空間給其他有情。
- 令我傷害其他有情，也令其他有情傷害我的是我的自我。
- 憂鬱症好比洗東西時冒出來的污物，所以我應當隨喜。

恐懼

親愛的喇嘛梭巴

怕坐飛機

．．．．．．．．．．．．．．．．．．．．．．．．．．．．．．．

親愛的喇嘛梭巴：

　　最近我獲得一份很不錯的工作，但需要經常旅行。問題是，我從小就很怕坐飛機。我非常喜歡目前這個工作，不希望自己的表現受到負面的影響，所以我試過不同的方法克服這種恐懼，譬如觀想一切都很順利，甚至催眠，不過到目前為止都沒有效。對於如何處理這種恐懼，您有什麼建議？

愛，
邁爾斯（倫敦）

．．．．．．．．．．．．．．．．．．．．．．．．．．．．．．．

親愛的邁爾斯：

　　在啟程之前，以及飛行當中，最好唸誦十方諸佛的名號。

　　不管你是飛往哪個方向，只要一心專注地唸誦那一方佛的名號，不僅能夠免除危險，你的願望也會實現。這不僅僅是為了旅行的安全，也為了成辦你旅行所要達成的目標。

　　最好不僅是祈求自己的安全，也要祈求飛機上所有旅客和空服人員一路平安。你可以進一步祈求，凡是坐這架飛機的人一直都能平安。能夠這樣祈求是很好的。

摯愛與祝福，
喇嘛梭巴

怕蛇

. . . .

親愛的喇嘛梭巴：

我從小就非常怕蛇。我九歲時，在父母的花園裡看到一條稀爛的蛇。有位聲稱有神通的婦女告訴我，上輩子我曾經毀滅人命。如果這是真的，我該如何克服這種恐懼？如果我真的有正當理由怕蛇，應當如何看待牠們？應該如何面對這種莫名的恐懼？

愛，

黑爾加（柏林）

. . . .

親愛的黑爾加：

你不需要有神通，這種恐懼可以用業來解釋──你的前世曾經被蛇咬而致死，或死於對蛇的恐懼，這被帶到下一世。

有些有情天生就具有令人害怕的身形，就像蛇那樣。恐懼通常是瞋恨的果報，由於對其他有情做了不當的事，導致現在害怕果報。

見到蛇，我也會跑掉，這很正常。

思惟蛇的苦：牠毫無選擇。

如果蛇可以選擇，就會取受別種身形。換成是你在那種情況下，也會選擇其他的身形，而不是沒有人會喜歡的身形。蛇本身害怕老鷹。你可以運用蛇來生起大悲心，並發展菩提心。蛇非常恐懼，牠們躲起來，一有人靠近就立刻消失。

禪修慈悲心，了解蛇的苦，你將會成就佛果。

實際上，蛇是在帶你成就佛果，因而能夠救拔一切有情。一旦

你具有慈悲心和菩提心，就沒有一條蛇傷害得了你。

愛與祝福，

喇嘛梭巴

> ・有些有情生為令其他有情恐懼的身形。
> ・一旦我具有慈悲心和菩提心，就沒有一條蛇能夠傷害。

魑魅干擾

親愛的喇嘛梭巴

魑魅傷害

. . . .

親愛的喇嘛梭巴：

　　我的父親一直都很健壯，直到幾個禮拜前突然失去活力。醫生開的藥好像都沒有效，我們真的不知道他的病因，奇怪的是，他非常突然地活力盡失，原因不明。有人說可能是受到魑魅的傷害，而且您可能會知道。不知道您是否可以提供一些建議？

衷心的祈求，

伽鈴（加德滿都）

. . . .

親愛的伽鈴：

　　當一個人覺得非常虛弱時，往往和魑魅傷害有關，可能是人的生命力被魑魅奪走了。以下的修法和功課會有幫助。

　　1.獅面空行母

　　2.極秘密馬頭明王

　　3.修茶供

　　4.修龍供

　　我會請一位仁波切修茶供，而我自己會修龍供。

　　你父親的全家人都應當修獅面空行母。如果是中了巫術，這種修法會很有利益。

　　我也會送保護繩讓他戴，以解除身、語、意的束縛。

愛與祝福，

喇嘛梭巴

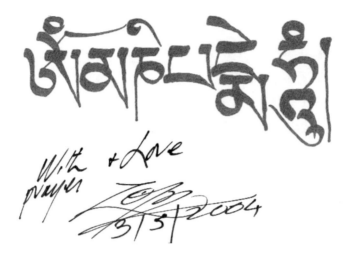

梭巴仁波切手書的咒語：唵嘛呢唄美吽

想要自殺

. . . .

親愛的喇嘛梭巴：

　　我一直很沮喪，甚至想要自殺。我的心中非常強烈地萌生這種念頭，真的把我嚇到了。我覺得好像身不由己，不知道該怎麼改變自己的念頭。仁波切，請您給我一些指示。

祝福，

尼爾（威斯康辛）

. . . .

親愛的尼爾：

　　當生起自殺的念頭時，除了業力之外，還牽涉到外在的魍魅。人會開始產生幻覺，認為自殺是獲得和平安樂唯一的解決辦法。其實自殺完全不是那麼一回事。因此，你應把自己的心看成是嬰兒或學生，而你自己是老師。

　　不要聽從嬰兒的心，那非常危險。

　　每當你面臨抉擇，在隨順自己的心之前，先分析那個行為是否弊大於利，然後做利益最大者，或至少是利大於弊者。如果不加以分析，可能會非常危險。

　　思惟：「這個寶貴的人身是多麼有意義，簡直不可思議。只要我願意，我甚至能夠成辦無憂的究竟安樂。」

　　道理何在呢？因為你可以憑藉這個寶貴人身，修三增上學（戒、定、慧）之道，而在來生，甚至是今生，達到無憂地的境界。

自殺只不過是把一個有漏之身換成另一個罷了。當自殺的念頭生起時，不要隨順它，也不要理會，就讓此念頭像風吹過般消逝。

摯愛與祝福，

喇嘛梭巴

· 我的人身非常寶貴。

菩提道次第

親 愛 的 喇 嘛 梭 巴

蛋糕上的奶油

· ·

親愛的喇嘛梭巴：

　　我最近才開始學佛，所以有很多事情不懂，還有很多疑問。我讀到菩提道次第可以漸次地帶領人們走在佛道上；另一方面，藉由密續，可望在一世成佛。我的問題是：哪一種修行比較重要，是菩提道次第或密續？我們不是應當設法儘速成佛嗎？

祝福，
歐加（舊金山）

· ·

親愛的歐加：

HA HA

There is nothing, best life most meaningful life in the world, than actualizing Lamrim including Tantra, but Lamrim that makes Nyum Nyum cream on cake, actually Lamrim should be cream.

哈哈！世界上最有意義、最好的人生，沒有什麼比得上實證菩提道次第，包括密續。不過，菩提道次第好比製作美味的奶油，放在蛋糕上；其實，菩提道次第應當就是奶油！

解脫輪迴

· ·

親愛的喇嘛梭巴:

我已經唸誦一百萬遍的藥師咒,迴向給您長壽。我想祈求您作我的上師。

祝福,
艾爾(舊金山,聖寬庭州立監獄)

· ·

摯愛的艾爾:

非常謝謝你的慈函。

關於你要求我作你的上師,我接受。你嘗試,我也嘗試。你有一份責任,我也有一份責任。你有責任聽從,而我有責任引導。

非常謝謝你唸誦一百萬遍的藥師咒。

如果你能夠唸誦五千遍《心經》,以便迅速證悟空性,也會非常好。藉此,你將會開展智慧。只有到那時候,你才能夠止息最恐怖的業和煩惱的牢獄;也唯有到那時候,你才能夠解脫輪迴的牢獄,不再陷入生死和一切苦的輪迴,且必須周而復始地經歷這一切。

摯愛與祝福,
喇嘛梭巴

· 具有智慧,我便能夠擺脫業和煩惱的牢獄。

空性一味

……仁波切為一位弟子在杯子上寫下這些字句。

· ·

給摯愛的喬志亞：

　　就俗諦上來說，有你和我、輪迴和涅槃，而在空性中，則根本沒有分別。

　　在空性中，全然一味。

大愛與祝福，

喇嘛梭巴

知夢是夢

. . . .

親愛的喇嘛梭巴：

我曾經做過一個夢，夢見自己是一個和尚，和其他僧眾一起被關在監牢裡。我知道自己可以逃脫，但是卻被丟到河裡，也許就死在那裡了。這個夢境重複出現過很多次，我想知道：這是不是過去世的記憶？還有，如何用這個夢來利益他人？

愛，

卡拉（西班牙，格拉納達）

. . . .

親愛的卡拉：

謝謝你的來信。此刻我們還沒有解脫輪迴，也沒有成就佛果。自無始以來，我們一直在輪迴中流轉，曾經多生當過和尚。最重要的是，每天修心，甚至在夢中也可以修心（因為我們一直都在作夢）。

這聽起來好像很簡單，其實意義深刻：

當你在作夢時，要認知那是夢。如果在夢中記得自己是在作夢，就可以利用那段時間行善，譬如修行佛法。

不管夢中出現什麼情境，你都可加以處理，這是非常明智之舉。

認知到夢是夢，即使有人在夢中傷害你，也可以克服。如果在夢中看到很美麗的東西，可以藉此處理貪執。

無明使我們把諸法看成真實存在，但如果你可以把它們看成是一場虛妄的夢，認知夢是夢，就可以做深刻的禪修，對治錯誤的觀念。

即使不是在作夢，不是在睡覺，你也可以把它看成是一場夢。

這有助於讓你明白,外境顯得好像不是僅僅由心名言假立的,而是顯得很真實,好像從自己那方面存在,其實都是虛妄的。這意謂著你在內心了解它們空無自性,不是從它們自己方面而存在。

這是非常有效的禪修,因為你直接切入無明的所依,將有助於讓你破斥無明的對境,因為你了解它們並非由自己方面存在,甚至連一微塵——任何對境或行為的一微塵,都不是由自己方面存在;所見的一切都是自性空的。你克服了製造煩惱的無明,否則這些煩惱又會製造更多的煩惱,引生惡念,從而造業。輪迴之海就是這麼產生的,所以我們應當尋求徹底解脫苦海。

煩惱的根是無明,藉由了悟空性的智慧,足以令你解脫,進而成就佛果,開展智慧和菩提心。

如果你受過無上瑜伽密續灌頂,可以修那洛六法和其他的夢瑜伽,且可望實證這些法門。還有,本著如法依止上師,可望實證整個菩提道。如法依止上師是一切證量的根本。

你應當覺得非常幸運,能夠修行佛法;如果你懂得密續,便應付諸實修。

這是我給你的建議。

愛與祝福,
喇嘛梭巴

・視夢為夢,是非常有效的禪修,因為我直接切入無明的所依。

坐牢

親愛的喇嘛梭巴

外在牢獄，內在解脫

……以下是仁波切寫給在監獄服刑的美國女商人瑪莎‧史都華的一封信。（編註：瑪莎‧史都華被譽為「美國生活大師」、「居家教母」，之後因涉及內線交易，被判入獄服刑。）

‧‧‧‧‧‧‧‧‧‧‧‧‧‧‧‧‧‧‧‧‧‧

摯愛的瑪莎：

我希望你過得很好、很快樂。積極地看待目前在監獄的現況，你可以從中學到很多東西。如果不是在這種情境下，平常你是不會有機會學到這些的。

尤其是你可以學會有勇氣充分發展自己的潛能，如此一來，你就可以克服所有的苦和苦因，包括生老病死的輪迴。

你可以成就無比的安樂和圓滿的佛果。不僅如此，你還可以救度其他許許多多有情脫離輪迴的一切苦，包括惡情緒的因和業，使他們獲得圓滿的安樂，帶領他們從安樂邁向安樂，臻至圓滿的佛果。

我在電視上看過你很多次，而且想要送你一些禪修的書，讓你在監獄中閱讀，因為你有很多時間，可以去分析事情，觀看自己的內在，研究你的人生，探索改變，達到解脫。內在的解脫最重要，因為你可以藉此超脫外在所有的一切。

其他時候你的生活一定非常忙碌，或許沒有太多時間真正禪修或分析。所以，你現在的處境好比獨自在閉關，你在那裡有空間思索人生、自己的功過，更深入地觀看自己的人生，從而也就能夠更深入地利益其他有情，帶給其他有情更多的和平、安樂。

我的名字叫做勞朵喇嘛，人們通常稱呼我為喇嘛梭巴仁波切。我掛了轉世喇嘛的名字，我猜這是由於過去多世以來所造的若干功

尼泊爾的埃佛勒斯峰風景照

德、善行，所以現在才有這種果報。我生於喜馬拉雅山，靠近聖母峰，所以我送你這張聖母峰的照片，希望有一天你可以去那裡，那是截然不同的世界。

聖母峰的一邊是尼泊爾，另一邊是西藏。古時候許多大行者在這些地方成就很高的證量，許多聖者在這些地區的山洞禪修而獲得解脫。

解脫並不意謂你變成空無；不是指你消失了。

不僅你的身體不會消失，心也不會消失。那不表示你的心變成不存在，不是那麼一回事。解脫是指：達到徹底掌控自己身心的成就，不僅是粗分的身心，甚至還包括極細分的身心。你解脫所有粗細分的煩惱或錯誤的觀念，以及由此所造下的業行。

你超脫生老病死之苦，以及苦苦、壞苦。

壞苦是指短暫的輪迴享樂，是肇自煩惱和業，本質是苦。如果你去分析輪迴的享樂，會發現它們只是苦，就好比是一個幻覺；只因我們的無明，才顯現為歡樂。

不僅如此，解脫也是指徹底解脫身心諸蘊，由於受到煩惱種子的染污，所以本質是苦。煩惱種子是苦苦和壞苦的基礎。

我設法在世界上幫一點忙，教導禪修諸法的本質和因果，開示哪一種果報來自哪一種因由。

善因導致安樂，惡因導致苦。

我試著強調戒律，同時也教導慈悲心，以平息有情的痛苦，為他們帶來究竟、永恆、無與倫比的圓滿佛果，那是徹底解脫的境地，止息粗細分心的所有過失，具足圓滿的教量及一切證量。有了這些，便能夠圓滿地饒益許許多多有情，帶給他們圓滿、無比的大樂和佛果。

請懷著善心享受人生；願這些書讓你享有解脫和正覺之旅。

摯愛與祝福，
喇嘛梭巴

· 解脫是指達到徹底掌控自己身心的成就。
· 如果我去分析輪迴的享樂，會發現它們只是苦，就好比是一個幻覺，只因我們的無明，才顯現為歡樂。

輪迴是真正的牢獄

……仁波切曾經寫給德州的囚犯鐵德一封長達十八頁的信。鐵德是新進的佛教徒，剛剛獲知他將在三個月內執行死刑（鐵德的死刑已經兩度延期；最高法院的判決將在2007年7月之前宣布）。以下是那封信的節錄。

. . . .

摯愛的鐵德：

　　這裡有幾件事，讓你思惟有關如何善用你的處境的一些建議，以及你所能做的最好事情，剩下來可以讓你修持的最實際的東西。

　　即使你只能夠再活一天或一小時，還是有絕佳的機會，讓僅僅這一度獲得的人身最有利益。即使有人只剩下一小時，還是可以在那時候受在家五戒或大乘八關齋戒。

・對你最好的修法

1. 受在家戒：你最好儘快受持終生的在家戒，不管能夠持多少條戒：不殺生、不妄語、不偷盜、不邪淫、不吸毒或飲酒。在受刑之前的這段期間，你也可以受大乘八關齋戒，一次受戒24小時。
2. 禪修觀音並持咒：在此附上我旅行時一直帶在身邊的觀音相片。根據我的占卜，你最好修大悲佛觀音法。

　　觀想觀音在你的面前，一面持咒「唵嘛呢唄美吽」，一面觀想觀音流出甘露，進入你，淨除你的疾病、惡業、魑魅傷害和煩惱垢。每持一圈念珠，其中的半圈用來觀想淨障，另外的半圈觀想獲得觀音所有的功德。觀音徹底擁抱一切有情，以圓滿的威勢力、圓滿的智慧和圓滿的慈悲心，能夠直接通曉一切有情的心，具有圓滿引導有情的所有善巧方便。

千手千眼觀音唐卡

3.轉念：朗日唐巴的《修心八頌》轉念法門很重要。禪修這些偈誦，
　而且在每一首偈之後，持誦唵嘛呢唄美吽。最後，感到十分歡喜，
　因為你是在修持發利他的菩提心。

4.還要禪修空性，了知「我」、蘊聚和一切現象，都不是由它們自
　己那方面存在的，而僅僅是以名言存在，是由心安立出來的。

5.菩提道次第願文：如果你可以每天唸誦完整的菩提道次第願文，
　會非常好，例如，「功德之本」（The Foundation of All Good

Qualities）。每次唸誦這些祈願文，都會在你的內心種下整個菩提
道的種子，讓你的人生十分值得。

6.光耀天女咒：每天持誦光耀天女咒三百遍，對你會很好。

・**受刑當天的修法：轉念和菩提心**

1.在你受刑的當天，即將被處決之前的最後一件事是，徹底皈依觀
音。思念觀音，觀想我送你的照片上的觀音，完全仰賴觀音。

2.思惟：「願一切具有受死刑的業和實際執刑者的所有苦，都由我
來代受；願我能夠讓每一個人都免於受這種苦。」

3.雙手合掌，結禮拜的手印，向觀音祈求：願盡未來世直到成佛，
都能夠得到觀音的引導。

4.思惟：「願我承受一切有情被處死的業，願我獨自承受這樣的苦，
願其他一切有情因而得以免除一切苦，同時獲得一切無比的安樂，
直到成佛。」

5.持續一再地如此思惟。

如果你懷著這種想法而死亡──捨棄自己，代其他一切有情領
受被處死的苦，而且把一切安樂布施給其他一切有情，將會產生不可
思議的力量，這將是你主要的皈依。尤其針對為你執刑的法警以及下
命令的法官等人，懷著這種感受。由於他們是基於不清淨的心，貪、
瞋、無明，特別是自我愛惜的想法，造下這個惡業，而且實際付諸行
動；僅僅由於造下這個殺業的因，業果是將來會被別人處死五百次。

如果你懷著自我愛惜、貪、瞋、無明的惡念而死，將會墮入畜
生、餓鬼或地獄道。一旦墮入惡趣，會繼續造更多的惡業，導致再
度墮入惡趣。在惡趣甚至只是一天，就會造下許許多多的惡業，比
如十惡業等等。

懷著利益其他一切有情的念頭而死,非常有益,那是品質最佳的死。你為其他一切有情而死,意謂著你不是為自己而死。這就像耶穌代其他一切有情受苦,或者釋迦牟尼佛前生施捨身肉,餵養飢餓的母虎和五隻幼虎;佛捨棄自己的生命,是因為不忍牠們受苦。

運用被處以死刑的方便,為有情成就佛果,便形成一切有情的安樂因——不僅是現前的安樂,還包括解脫輪迴乃至圓滿佛果的究竟安樂。因此,沒有比這更偉大的安樂。你受死刑是大好的機會,可以為自己和其他一切有情帶來究竟的喜悅和安樂。

安樂和困境都取決於自己的詮釋:把這些安立為「安樂」和「困境」,然後採信名言,唯有到那時候,這些經驗才真正成為苦或樂。訓練自己把被處以死刑看成是有益的,是一切有情的安樂因,也是一大挑戰。大多數人所認為的「苦」,可以被轉化成你和其他一切有情的大安樂,這麼做,你會成為贏家。這是絕妙的思惟方式。

・坐牢實際上是大好機會

另一種方式是隨喜:如果不坐牢,你的心會非常渙散、不安,完全投注在貪、瞋等對境上,不會有時間禪修,也沒有興趣修行,因為生活非常忙碌,被貪慾境所盤據。

思惟:「由於坐牢,讓我有絕佳的機會,幫助喚醒自己的心,分析自己,考量自己的人生。」

這使得坐牢的意義深遠。處在這種情境,令你深切地想要實證修行道,而且要禪修。因此,你在牢獄中的生活,實際上遠比牢獄外的普通生活更安樂,尤其是因為你懂得業,懂得苦來自於心,心

是主因的道理。

　　懂得這些道理，透過淨除惡業和積造善業，便可望有安樂的人生、安樂的死，以及安樂的轉生。不僅如此，由於了知四聖諦──真實的苦因、真實的苦、真實的苦滅，以及真實的道，你會發現人生還有更深層的成就：究竟的安樂，解脫輪迴（輪迴是指蘊聚相續不斷地由一生輪轉到下一生；起因是業和煩惱、染污的煩惱種子、所有的苦和苦因）。你會發現，透過聞、思、修，可以學習、成就真實的道。只要沒有消除苦因──煩惱心和煩惱心所造的業，我們勢必一再地死而復生，經歷生死之間的一切苦，永無止境。

　　世上大多數人所認為的苦，其實非常有限。他們所想要解脫的，只是很粗分的苦；有太多的苦是他們察覺不到的。無明的障蔽，使他們無法成就徹底的解脫，無法追尋真實的道。無明也障蔽他們，以致找不到所追求的世俗歡樂──其實那是一種苦，而不是樂，甚至對於如何達到所欲求的快樂也不得而知。正因為他們只是一味地往外追尋快樂，才會生生世世一直被引入苦。

　　因此，坐牢是十分積極的，是可喜的一大優勢。你有絕佳的機會當下獲得安樂──安樂的死、安樂的來世、安樂的解脫輪迴，以及安樂的大解脫：圓滿佛果。

‧代其他一切有情受苦，為自己帶來安樂

　　如果有人為其他有情捨棄自己的生命，經歷他們的苦，把自己的安樂施予其他有情，不但不會令自己受苦，實際上所導致的是苦的反面──帶來安樂。

　　最近西雅圖有一位女士得了癌症，蔓延到全身，醫師不敢開刀，

覺得那太冒險、太危險了。所以她就修自他相換的菩提心，承受有情的苦及苦因，並且把自己的功德、安樂布施給其他有情。過了一些時候，她到醫院檢查，醫生居然找不到任何癌細胞。醫生十分訝異，無法了解這種禪修怎麼可能徹底治好她的癌症。這是他們所無法解釋的課題，這是修菩提心，捨棄「我」，珍惜其他有情的益處之一。

所以我說，你大可運用坐牢、被處死的情境來發展菩提心，修自他相換。愛惜其他有情，而非愛惜「我」；布施其他有情，而非給予自己。

這些道理佛陀的教法都談過，但是這也是你可以在自己的生活當中，從自己的經驗去體會的真相。不管是地球的問題、國家問題、家庭問題、個人問題，所有這一切，都來自於「我」。

愛惜「我」，開啟一切眾苦之門。愛惜「其他有情」，當下就開啟你心中的一切安樂、內在和平、喜悅、滿足和成就之門。

你可以克服在這一生當中內心所有的困境，你將會有非常安樂的死、自我導向的死，也會有安樂的來世，尤其是究竟的安樂，徹底解脫所有的苦及苦因，乃至成就佛果。愛惜其他有情是正因，帶來一切有情現前和究竟的安樂，直至成就佛果。

·真正的牢獄

世俗人相信坐牢有一個起點和終點，不過，真正的坐牢是受制於煩惱和由煩惱所造下的業，被這個蘊聚——輪迴的牢獄所套牢、繫縛，困在其中，一生又一生地輪轉不已，連一剎那都不曾間斷。這個牢獄是由業和煩惱的染污種子所造成，因此，我們的蘊聚本質

上是遍行、複合的苦，是令輪迴眾生經歷苦苦和壞苦的肇因。壞苦是短暫的輪迴歡樂，因為不持久，所以本質上是苦。這種歡樂是我們投射出來的，它的所依其實是「苦」。正因為這樣，所以輪迴的歡樂不會持久，你不可能恆時享有歡樂。即使是歡樂，其本質也是無常的，分分秒秒都在衰退，甚至連一分、一秒都無法持續。

輪迴的蘊聚是真正的牢獄，沒有開端。從無始以來，我們一直被纏在其中；從無始以來，我們已經體驗太多地獄的苦、餓鬼的苦、畜生的苦、人的苦、天的苦，以及阿修羅的苦，直到我們證道之前，這種苦是不會終止的。證道必須藉由了悟苦，了悟真正的苦因，成就滅諦，止息所有的苦及苦因。

> 我們的蘊聚才是最恐怖的牢獄，是真正的牢獄，我們陷在其中，不斷地受苦。我們應當立刻設法解脫，甚至連一秒鐘都不能延遲。

不僅如此，為了讓我們能夠存活，為了我們的安適，許許多多的有情必須為我們受苦。為了讓我們有地方住，其他許許多多的有情必須喪命、受傷害。當我們蓋房子時，許多在泥土裡面的有情因而喪生；為了讓我們能夠存活，為了我們的安適、享樂，許許多多的有情必須受苦。其他許許多多的有情必須喪命，讓我們有得吃、有得喝，為此，其他有情必須造殺生的惡業，受盡千辛萬苦。同樣的，為了我們的衣著，許許多多有情必須被殺，或者為了製作我們的衣著，因而傷害其他有情，造下被殺的因。還有，我們開車旅行時，許多有情被碾死。總之，由此可見，困在輪迴之中是最恐怖的事情，甚至連一秒鐘都不堪忍受。

> 因此，必須聽聞、省思、禪修佛道；必須修持睿智、慈悲、遍知的本師釋迦牟尼佛所開示的道。

　　唯有這麼做，才能夠解脫輪迴，使得其他有情不必為了你而造下惡業，不必為了你而傷害其他有情。由此可見，人人都有責任，不僅要讓自己解脫，也要救拔許多有情解脫這個輪迴的牢獄。

　　你可以讓牢獄生活非常有意義，甚至成就佛果。這是絕佳的機會，是遠離內在牢獄的閉關。內在的牢獄是指受制於自我愛惜的想法、無明、貪、瞋，以及負面的情緒等。你不但可以成辦現前短暫的安樂，而且可以造下正因，將來獲得究竟的安樂，解脫輪迴，乃至成佛的無比安樂。就在這個被世俗人安立為「牢獄」的生活空間內，你可以成辦這一切。

　　現在，你會覺得坐牢是一大樂事，你可以看得出如何讓自己的人生非常有意義。如果你做這些修持，一切諸佛菩薩都會和你同在，在你的周遭支持你；你死時，所有的聖者都會與你同在。

非常謝謝你，並致上摯愛與祝福，

喇嘛梭巴

- ・如果我懷著利他的念頭，將非常有益。
- ・安樂和困境完全取決於我的心如何詮釋它們。
- ・由於無明的障蔽，使我無法成辦解脫，無法尋求真正的道。
- ・為了止息苦的轉趣，獲得安樂的轉趣，我必須修行佛法，並淨除過去的惡業。
- ・我必須利用這次坐牢的時光練習禪修，修習佛法。

轉世

……以下節錄自仁波切給德州死囚犯泰德的一封信。

· · · · · · · · · · · · · · · ·

或許你聽説過轉世。雖然這個身體會崩解，但並不表示心會消逝；心依然存續。我們有一個身和心，而且我們把它們和自己連結在一起，形成「我」。「我」僅僅是被安立出來的名言。

今天的心開始於黎明，可是今天的心識是昨天心識的相續，就在黎明之前接續的。這是為什麼我們記得昨天做了什麼、去了哪裡、吃過什麼東西、見過什麼人等等。從前我們是孩童，和現在的這個人並非不相干——都是同一個人。你至今仍記得自己童年時所做過的事情，由此就可以明白這個道理。

雖然大多數人都不記得，但其實一個人的心識和出生之前的心識是同一個相續。你的心識並非在你的身體從母親的子宮出生之後才開始的，也不是開始於進入受精卵、身心開始和合之際。

死亡是指身和心分離，但那不表示心相續終結了。心識和身體分離，因為它們都是受煩惱和業的主宰。身心分離之後，心識會再度去受取一個身。

心相續恆時都在，有時候受取一個人身，不過也可能依自己過去所造的善、惡業，而受取不同種類的身。

有時候我們可能轉生到苦趣身，例如地獄眾生、餓鬼或畜生；有時候可能是安樂的眾生，例如天（世間神祇），或是人身，或生在淨土中，例如阿彌陀佛淨土；或者也可能是魑魅身。我們也可能轉生到無色界，那裡沒有身形。甚至在圓滿佛果之後，你還是有無

上正覺的心相續。

西方的文化對於心識所知不多。不過，在東方，有關心的知識卻非常發達而深廣。遍智者——佛陀徹底解脫無明、心識的一切過失、染垢、惡習氣和幻覺，毫無不清淨見；佛陀超越這一切，徹底解脫了。在佛陀的教法中，很廣泛且清晰地解說心識的本質、心識的作用，和所有各種不同的心念和心所。

尤其是在無上瑜伽密續當中，佛陀更深入詳盡地解說「微細心」。密續解釋所有不清淨的處所、眾生、有情與無情的對境、感官受用，以及不清淨、受苦的身，如何來自不清淨的風心。同樣的，無上正覺的本尊壇城、身及受用，一切都來自清淨的風心。佛陀的聖身語意具有許許多多功德，能夠圓滿地饒益一切有情，這一切都是由清淨的細分風心化現出來的。

世界是由心識所創造，諸如此類的課題，西方文化還沒有去開發，而佛陀的教法和哲學則非常清晰地解說一切來自業的道理，而業是心理的現象。不順遂或痛苦都來自惡習氣，而惡習氣肇於自心；悅意或快樂都來自善業，而善業也是肇於自心。

有一個大問題是：我們死後，心識將投生到哪一道？可能轉生惡道，成為受苦的輪轉眾生，或者投生為安樂的輪轉眾生。

令人轉生為受苦的輪轉眾生的是不善業，是懷著貪、瞋、癡煩惱和自我愛惜的思想而造下的。

我們今生從出生以來，已造了許許多多的惡業。還有，自無始的轉世以來，我們造過太多的惡業，直到現在還沒有感得果報，有待我們去淨除。所以，我們應當即刻作準備，讓自己死了之後還可以獲得良好的轉世，再度有機會禪修、修行佛法、發展心性、修行

菩提道。我們的目標不僅是獲得解脫，而且要成就佛果，以便能夠提供廣泛的利益，帶領許許多多的有情邁向安樂，尤其是成佛的究竟安樂。人生的主要目標即在於成辦這件大事，這是活著的目的所在。

・心的相續恆時都在。

宗 教

親 愛 的 喇 嘛 梭 巴

誰是上帝？

· ·

親愛的喇嘛梭巴：

　　我想要把我的小女兒珍妮佛教養成佛教徒，但是，在學校和朋友圈中，她時常聽到上帝，所以她對此感到困惑。她要我請教您對於上帝的看法。

謝謝您的幫忙，
喬安娜（舊金山）

· ·

親愛的喬安娜：

　　如果你把上帝想成是生命中苦樂的創造者，存在於你的心流之外，這樣的上帝並不存在。不過，如果你是指遍及一切現象的遍智心，那是存在的。

　　為什麼上帝不是你的創造者？因為你自己才是經驗的創造者，創造出你自己的天堂或地獄。甚至只要你能夠在日常生活中修忍，不傷害自他，就會為自己和其他有情帶來和平、安樂；如果隨順瞋心，便會傷害自他，為自己和其他有情創造災厄。由此可見，佛陀所開示的教法是真確的：

　　你是自己的嚮導，也是自己的敵人。

摯愛與祝福，
喇嘛梭巴

> ·我們是自己苦樂的創造者。

一切都非由上帝作主

. . . .

親愛的喇嘛梭巴：

我總是聽人說：「放下，讓上帝作主！」這似乎是安撫人心的想法，但上帝這個想法，我並不認為全然有道理。別人告訴我，如果我不信上帝就會下地獄。我所有的鄰居都相信上帝是創造者，令我開始害怕自己的來世。您可以指點我嗎？

祝福，
國登（邁阿密）

. . . .

親愛的國登：

人們說「一切都由上帝作主」，他們認為上帝是創造者，而且一切都由上帝作主。不過，你若從另一方面來看，似乎一切都非由上帝作主，因為講到修行，你就會明白，那是由有情自己作主。人們說：不信上帝，就會下地獄。他們這麼說，正表示實際上不是一切都由上帝作主，你也在作主！

不下地獄取決於你在這方面所下的功夫——你必須對上帝生起信心。可見，這並不完全由上帝作主。

例如，你還必須守十誡。人們說一切都操之在上帝手中，不過，你可以看得出來，上帝並沒有主宰一切。人們必須自己下功夫守十誡，必須由自己本身持守戒律。

基本上，這歸結到和佛教同樣的觀點——有情方面也必須下功夫。

愛與祝福，
喇嘛梭巴

・如果修行是要靠自己下功夫，又怎麼可能一切都由上帝作主？

宗教可能非常危險

. . . .

親愛的喇嘛梭巴：

　　最近我開始探索不同的宗教和修行動向。我對佛道非常感興趣，希望您給予我這方面的指點，還有您建議我目前該怎麼做，才能夠在自己的修行道上有所進步？

祝福，

雪瑞娜（堪薩斯州）

. . . .

親愛的雪瑞娜：

　　宗教可能非常危險。如果選擇的是錯誤的修行道，可能一輩子都會受騙。不僅如此，由於今生犯錯，未來的多生中，你還會一再受騙──來生的際遇如何，取決於今生；你的來生是好是壞，取決於這一生如何過活。

　　你可能是在創造不幸的轉生，將在地獄或餓鬼道受苦。如果你具有邪見，執邪為正，譬如以為沒有解脫輪迴這回事，這將會影響到你的來生，不僅對你自己非常危險，而且如果你用邪見來引導他人，可能會把許多有情帶到惡趣、地獄受苦，或轉生為餓鬼。

　　人們往往認為自己的宗教是最好的，不過非常重要的是，要以智慧去分析這一點。你有必要開發自己的智慧。

　　透過分析，我們發現佛法十分有益，能夠分辨正邪，不僅就宗教來說是如此，而且也適用於人生的任何一方面。如果父母具有佛法的知識，就可以為自己的孩子判斷正邪；否則孩子們這一生可能會受困於苦因和困境，尤其是來生也會如此。所以了解佛法非常有

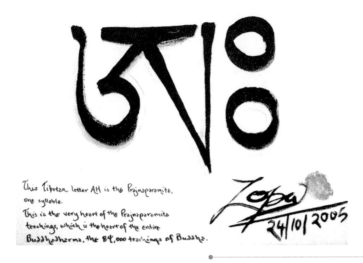

This Tibetan letter AH is the Prajnaparamita, one syllable.
This is the very heart of the Prajnaparamita teachings, which is the heart of the entire Buddhadharma, the 84,000 teachings of Buddha.

Zopa
24/10/2005

梭巴仁波切手書的藏文字母「阿」：這個字即代表般若（智慧）。這是般若教法的心髓，而般若是佛陀八萬四千法門、整個佛法的心髓。

幫助。佛法提供非常清晰的正見，即使不去實修，也可以用來檢視任何事情，並決定是正是邪。

宗教的心髓應當是悲心。凡是傷害其他有情，譬如犧牲動物，都是不好的。切勿做傷害其他有情的事。

如果你傷害其他有情，其他有情也會傷害你；如果你利益其他有情，勢必也會從其他有情獲益。這是自然的法則，好比種下種子，會長成樹，有枝葉和果實。

你應當把自己透過學佛而開發出來的智慧傳遞給他人。凡是正確的都要傳授，要教育他們懷有慈悲心，以及樂於幫助其他有情的積極心態，這樣一來，大家都會由於造下善業而感得善報，今生、

來世都會經歷甚多的安樂。

宗教講求的是安樂，而不是苦。真正的宗教會把安樂、和平帶進你和其他有情的生命中。

愛與祝福，

喇嘛梭巴

・我來生的品質，取決於這一生是怎麼過的。

・宗教的心髓是慈悲心。傷害其他有情是不好的。

愛護動物

親愛的喇嘛梭巴

放生

. . . .

親愛的仁波切，

　　我一想到所有被殺害的動物，心裡就很難過。即使人人都吃素，但還是有許多動物會被殺害。我是否可以修一些法，至少幫助其中某些動物？

愛，

瑪莉（墨爾本）

. . . .

親愛的瑪莉：

　　你可以為動物和昆蟲做的一件事是放生，讓牠們不會被殺害。我發起一個特別的放生傳承，把動物和昆蟲釋放到安全的環境。我們每個月在住所放生三、四次，買的是可能會被宰殺的蚯蚓和昆蟲（你也可以買龍蝦、魚或更大的動物）。

　　我們不僅僅救牠們的命，還盡量帶著牠們繞佛塔，持咒後吹氣在水上，然後把水澆在牠們身上。之後，我們把牠們放到水裡或土中，視哪一種動物而定。這不但救拔牠們解脫惡趣，並為牠們造下成佛的因。

　　如果沒有佛塔，可以：

　　1.在房間中央放一張桌子，上面擺設許多聖物，例如佛像和佛典。

　　2.帶著昆蟲或動物繞行佛桌，多多益善，同時一面持咒或課誦。

　　如果你的家裡有很多螞蟻，可能會不小心踩死牠們，比較謹慎的做法是：

　　1.用柔軟的紙、棉花、掃帚或羽毛把牠們撿起來，連同一些牠

喇嘛梭巴仁波切用金
汁書寫《般若經》。
2000年7月攝於美國。

們喜愛的食物，放到塑膠袋中，然後把袋子封起來。

2.拿著袋子繞行聖物，多多益善。

3.然後打開塑膠袋，把牠們釋放到外面去，或連同食物把牠們
抖在地上。

大家的家中都會有很多昆蟲，所以每天：

1.盡量捕捉牠們，然後把牠們放到通風、有空間的大罐子中。

2.把各種不同的昆蟲放到不同的罐子裡，以免牠們打架或受到
驚嚇。

3.帶著裝滿昆蟲的罐子繞行擺滿聖物的大佛龕，一面盡量快步
走，以便盡量多繞行。

4.然後把牠們拿到外面釋放。

唯有當螞蟻和其他昆蟲來到你家，你才能夠幫助牠們。帶著牠
們繞聖物是法布施，救牠們的命是無畏施，淨化牠們的心就是讓牠
們免於受苦。除了布施食物之外，這是利益牠們的好辦法、最好的
機會。

如果桌子或佛龕上有一千尊佛像和聖物，你帶著動物繞行一次，就造下千個成佛的因。

每次你帶領動物繞行佛桌，就是為牠們造下許多安樂、長壽的因。所以，如果你帶著十億隻昆蟲繞行聖物，每次繞行都是把佛果貢獻給這麼多的有情。這真的很奇妙，是你所能夠貢獻其他有情最神奇的利益！

有一個關於八十歲老人的故事。他進入大乘道，時機一成熟，便成就佛果，圓滿地饒益有情，帶領他們成佛。這一切圓滿的利生事行——令所有的有情成佛，來自他自己成就佛果，而那是他進入大乘道的結果。在那之前，他是阿羅漢，實證了解脫道，而那源自他出家為僧。他之所以能夠出家，是因為多劫前他曾經是一隻蒼蠅，在佛塔附近一條河裡的牛糞旁追逐漂流，這個舉動形同繞塔。所有這一切利益——成為阿羅漢、成就佛果、帶領有情成佛，都是得自追逐牛糞的氣味而繞塔的微小功德。

我們應當經常記得，僅僅繞行一周都如此可貴，帶著動物繞行聖物又有多麼難能可貴！當人們刻意地繞行，利益更是不可思議！

根據業果的法則，甚至是微小的善惡行都會成熟大果報。業會增長廣大，所以我們連微小的功德都不應掉以輕心。每一尊聖物都非常具有威力，可以救度許許多多有情離苦，帶領他們成佛，使我們得以實證佛道。

還有，最好能夠救脫那些可能會被宰殺、當食物吃的眾生。

小熊含淚說：「我也一樣……可憐的熊，我也被救出來，不至於遭到殺害。她是多麼慈悲啊！」

　　龍蝦活生生地被放進沸水中煮，光憑想像就能夠知道，那種苦有多麼慘烈！換成是我們，勢必想盡一切辦法脫逃，但是牠們不僅被套牢，而且根本無法和我們溝通。

　　所有的有情就像我們一樣，希求安樂，不願意受苦、遭逢困境或不舒適。

摯愛與祝福，
喇嘛梭巴

> ·所有的有情就像我們一樣，希求安樂，不願意受苦、遭逢困境或不舒適。
> ·帶著動物繞行聖物，是在為牠們造下來世安樂和成佛的因。

裨益寵貓的心

• •

親愛的喇嘛梭巴：

　　我有一隻貓，最近我一直在想，牠每天無知地坐著，牠的生命想必是痛苦的。牠怎麼能夠造善業呢？似乎不可能。可否請您告訴我，如何做些事情來裨益牠的心？

愛，

詹姆士（阿姆斯特丹）

• •

親愛的詹姆士：

　　你說的對。你照顧動物，牠們慰藉你，光是這樣還不夠。你必須做點事，實際裨益牠們。你不妨每天這麼做：

　　1.帶著牠繞行聖物，並一面持咒。（參見上一封信：放生）

　　2.在牠的耳邊課誦或持咒，或者播放課誦或持咒的光碟片，讓牠可以聽到。

　　這會造成極大的差異，果報不可思議，讓牠來世投生善趣，轉生為人且值遇佛法。

　　有一個故事說，佛陀在田裡向五百隻天鵝開示佛法，下輩子牠們都轉生為人，全部都出家為僧，而且都成為聖者，也就是具有滅諦和道諦證量的大修行人。僅僅聽聞佛法的字句，果報便難以思量。

　　世親曾經課誦《阿毗達磨俱舍論》，屋頂上的一隻鴿子每天都聽到。有一天這隻鴿子死了，世親阿闍黎運用神通觀察牠轉生的地方。原來牠投生到下面山谷的一戶人家，於是世親就下山去訪問那家人，詢問是否可以由他來照料這個小孩。這家人答應讓小孩跟著

他。小孩出家為僧，名為安慧，變成《阿毗達磨俱舍論》方面的專家，因為那是他前世當鴿子時所聽聞的教法。他寫了四部釋論來闡釋這部法典。

3.還可以給牠法名，因為俗名對牠沒有裨益。每次你叫牠的法名，都在牠的內心留下積極的習氣。

我們的狗叫「唵嘛呢唄美吽」，即六字大明咒。每次牠聽到自己的名字，都會在內心種下整個菩提道的種子，留下積極的習氣，這同時也是在為牠造因，讓牠將來能夠理解佛八萬四千法門所有的教法，因為這一切教法都涵蓋在六字大明咒「唵嘛呢唄美吽」之中：二諦、方便和智慧道，以及二果，即法身與色身。每次聽到牠的名字，都帶牠更趨近佛果，這是利益動物非常簡易的方法。

4.你最好先加持貓的食物，再餵牠吃。可以唸誦救拔有情出惡趣的五大強力咒，或大悲佛、藥師佛和密勒日巴的咒語，然後在食物上吹氣。如果無法每次餵食時都這麼做，則可以一次同時加持所有的食物。這種食物具有加持力，有助於令凡是吃到這些食物者，都不會墮入惡趣；那會加持牠們的心，淨除牠們的惡業。

摯愛與祝福，
喇嘛梭巴

· 在寵物的耳邊課誦或持咒，在牠的內心所留下的習氣，來世會成熟，使牠得以受持修行的教法。
· 加持動物的食物，有助於淨除牠的惡業。

幫助老狗善終

．．．．．．．．．．．．．．．．．．．．．．．

親愛的仁波切：

　　我的狗老了，當牠的死期到來時，我真的很想幫助牠，而非放下牠不管。請您告訴我，到時候我可以修哪些法幫助牠的心？還有，一旦牠死了之後，我該如何幫忙？

多謝，

羅蓓塔（雪梨）

．．．．．．．．．．．．．．．．．．．．．．．

親愛的羅蓓塔：

　　一旦你的狗即將死亡，你可以為牠做的，就是把牠放在安靜、不會受到干擾的地方。接著，你可以做如下幾件事之一：

　　1.修藥師佛法門，觀想七尊藥師佛在動物的頭頂上，融入動物。

　　2.修三十五佛法門，觀想甘露由牠的頭頂注入，淨除牠的惡業。強烈皈依諸佛，祈請諸佛保護、引導牠。

　　在牠死後，你可以這麼做：

　　1.唸誦觀音咒和其他咒語，例如密勒日巴、尊勝佛母的咒，每持完一種咒，就在牠身上猛吹氣。

　　2.或者，每持完一種咒，就在水上吹氣，觀想諸佛融入水中，每一滴水都具有淨除惡業的力量。

　　3.然後，你可以把水倒在狗的身上，思惟牠所有的惡業都淨除了。

　　如果做得到，在牠死後，最好讓牠的屍體不受干擾地放幾天，

梭巴仁波切和命名為「唵嘛
呢唄美吽」的愛犬合照

因為牠的心識可能還沒有離開身體。

摯愛與祝福，
喇嘛梭巴

· 當狗即將死亡時，要把牠放在安靜的地方；牠死了之後，可能的
話，再繼續放幾天。

欠蟑螂的業債

. . . .

親愛的喇嘛梭巴：

　　我們的道場有很多蟑螂，我們當然不想殺害牠們，只是希望牠們消失匿跡。我們每次上課時，都會看到和聽到牠們匆匆忙忙地到處跑。已經有幾個人在抱怨了，我們擔心蟑螂的出現會讓學員離開。您有什麼建議呢？

祝福，

丘卓（新墨西哥）

. . . .

親愛的丘卓：

　　蟑螂來到中心有其原因，因為你們欠牠們的業債。牠們並不是要故意來的；並不是所有的蟑螂開會決定搬進中心，而是由於業力使然。

　　你們可以做幾件事：

　　1.為牠們修鍊供和百食子供，這就可以償還你們欠牠們的業債。假如沒有欠牠們業債，牠們就不會來。老鼠、吃穀物和花的昆蟲，或是屋子裡的木蛀蟲也一樣。

　　2.供養牠們所想要的東西，布施牠們。這是供養東西給有情的大好機會。

　　3.和蟑螂對話，請牠們離開。我有一位弟子和老鼠說話，請牠搬到屋子外面，牠就走了。還有其他類似的故事。

　　4.把蟑螂放在屋子的角落，或用紙盒子做一間房屋，找出牠們喜歡吃的東西，放在盒子裡面，等到牠們進入盒子之後，再把盒子

放到外面去，然後，有時給牠們一些食物。蟑螂被放進盒子裡，就
受到了保護，而經常施捨食物便是布施行。

摯愛與祝福，

喇嘛梭巴

· 經常施捨食物是布施行。

避免肉食

. . . .

親愛的喇嘛梭巴：

我應當停止吃肉食嗎？

愛，
丹津（佛蒙特）

. . . .

親愛的丹津：

我一直想跟你說，最好避免吃肉。當然，有時候人們別無選擇而必須吃肉，不過，特別是就你的情況來說，出於慈悲心，我建議你應避免肉食。

吃肉之前，想一想肉從何而來──由違背動物的意願，切斷牠的脖子；還有，思惟一下動物經歷了多大的痛苦。

經過這樣的思惟之後，你不可能會吃肉的！對吃肉的人來說，肉可能是好吃的；不過，對於遭受極大痛苦而且死於非命的動物來說，就不是這麼一回事了。

你可以為被宰殺的動物課誦修法，不過如果你吃肉的話，對動物的死亡，還是要負一小部分責任。

如果人人都停止吃肉，就不再有動物會為此而被宰殺了。

摯愛與祝福，
喇嘛梭巴

羊含淚說：「盡未來的一切生，我們想
要如同她一樣生為人，而且效法她的榜
樣——愛護所有的動物和其他有情。」

· 想一想肉從哪裡來。
· 想一想動物所受的苦。

殺老鼠餵蛇

. . . .

親愛的仁波切：

最近我開始學佛，更懂得動物所受的苦和殺生的業。現在我面臨兩難的困境。好幾年前，我買了一隻寵物蛇。如您所知，蛇通常只吃老鼠。一方面，如果我不餵蛇，牠就會死；另一方面，如果我餵蛇，老鼠就會死。我不知道該怎麼辦才好，因為不管怎麼做，都有一種有情會被殺。

請您指點從佛教的觀點，應如何處理這種狀況。

祝福，

麥可（波士頓）

. . . .

摯愛的麥可：

關於動物的苦，我要將心比心地告訴你一些事情。

你愛蛇，也應當愛老鼠。老鼠也希求安樂，不要受苦。老鼠就像蛇一樣，需要得到你的愛和協助。

還有，佛的教法談到殺業。殺一位有情，你將會於五百世被殺，這是一個殺生惡業的果報。事實是，業會擴增。如果你種下一粒菩提樹的種子，雖然只有指尖這麼大，但是之後會從那顆種子長出數以千計的枝葉，這一切都來自那顆種子。所有的大樹都是從小小的種子長成的，所以你可能從一個微小的因，感得非常大的果報。

以我們內在的演化來說，果報更是大得多。殺生的惡業不僅會讓我們受苦好幾世，而且會蒙蔽我們的心，障礙我們對有情發慈悲

心、利他心、成就佛果以救度有情。惡業也會造成障礙，令我們無法消除粗分和細分的無明障，以獲得解脫，進而成就佛果，我們將因而無法圓滿地饒益有情，救度有情離苦，帶領他們成佛。

這一切都來自諸如殺生等惡業。因為動機不善，所以行為不善，形成惡業，蒙蔽內心，很難明瞭實相、真理──「我」的究竟本質，以及自心的本性。惡業讓人無法領悟這些真理。

總之，如果因為你必須照顧蛇，而蛇不吃素食，所以你必須殺生，這是不公平的差別待遇；但如果你放走蛇，牠便會殺害其他動物。不管哪一種解決辦法，都有難處。但是，

1.或許你最好把蛇放走，同時祈求牠轉生上界。

2.你可以修法、持咒，讓蛇聽到。根據我的占卜，持彌勒佛咒會有好處。持這個咒對所有的有情都最有利，而不僅僅是你的蛇。

3.天天持藥師咒，會讓你解脫一切苦，帶來一切利益，包括今生的成功，乃至成佛。

4.另外要持的咒是無垢頂髻咒，這是救拔有情出離惡趣的五大具威力的咒之一。

5.有時間最好唸誦整部《心經》；否則，光是持咒也可以。

6.還有，最好閱讀任何短軌的菩提道次第祈請文，種下整個菩提道的種子，有助於引導你奠定解脫和成佛之道的基礎。

7.另一種利益動物的方式是，帶牠們繞行佛像、佛塔和佛典等等聖境，尤其是含有舍利子和咒文的聖境。盡量多帶你的蛇繞行這些聖境。

祈願成就菩提心，以饒益你的蛇和一切有情。

祈願了悟空性。

唸誦：「在一切生中，願我永不離開勝者宗喀巴大師，親自做我的大乘上師。願我、我的親友和其他一切有情連一剎那都不偏離勝者所讚的圓滿道。」

祈願蛇和一切有情死後立刻往生淨土，或者獲得寶貴的人身，值遇圓滿具格的大乘上師，修習佛道，成就一切證量。

對任何你想為他祈願的人，如此祈願都很好，然後最好迴向功德給動物們。

8.盡你的能力所及，修習不傷害其他有情，而是利益他們。

9.你可以藉由禪修來淨除惡業，並祈願往生上界。

10.你可以持誦五大強力咒中的其他四個咒。並迴向給你的蛇和所有的動物轉生上界，值遇佛法。

最佳的解決之道是儘速在佛道上發展心性，讓自己解脫業和煩惱，進入大乘道，滅除細分的染垢，使你證得一切種智心，能夠讀一切有情的心，看得出他們的業和願、性格、智力程度，而且能夠直接看出幫助他們的所有法門。

如果你令自己解脫，不必再輪迴，對有情是一大解放，許許多多有情不必受苦。由於你解脫輪迴，使得許多有情不必再受苦。你可以揭示方法，尤其是開示佛法，救度許多有情，帶領他們成佛。

禪思這個事實：所有的安樂都仰賴許多有情。

例如，蓋房子時，有些人必須歷盡艱辛，而且許多昆蟲和螞蟻勢必被置於死地。還有，為了我們的衣食，許多有情被殺害；為了一盤飯，許多有情勢必會罹難。用絲或動物皮做的衣服也是一樣，為了我們的舒適和存活，許多有情不得不受苦。

結論是，我們現在可以透過很多修行的法門，解救這些動物超

脫苦趣。這是解決的辦法，讓牠們不會因為互相殘殺而長期受苦。我們應集中心力用這種方式盡量救脫更多的有情，讓牠們不必受苦。這也唯有透過修行佛法，才能夠做到。

你可以揭示佛法的智慧，教育他人，這會為自他帶來和平、安樂。最好要更懂得如何利益其他有情，如何徹底令他們解脫，下輩子如何獲得良好的轉生、解脫輪迴、乃至成就佛果，這樣一來，你自己和其他有情都不至於投生惡趣，即使今生沒有解脫苦和苦因，無法成就佛果，不過還是會成辦一切將來成佛的因。

總之，請對其他有情修慈悲心，由此就不至於傷害其他有情，只會利他。鑑於你是秉性善良、心地很好的人，所以我對你做這些卑微的建言。最後，

11.最好是從店舖買肉來餵你的蛇。你可以設法假裝那是老鼠。雖然蛇還是會涉及一部分的殺業，但並不是完整的殺業。

12.還有，如果你給蛇一隻玩具老鼠，牠可能會學到，老鼠不再

羊含淚說：「哇！我方才免除被宰殺的大怖畏，她真是太仁慈了！」

是可以吃的，說不定牠就不想再吃老鼠了。

這是你可以利益牠們的一個小例子。我希望你不會被這一切建言覆沒而崩潰或昏倒！

摯愛與祝福，
喇嘛梭巴

· 惡業帶來苦，善業帶來安樂。

· 業會擴增；小種子帶來大果報。

· 蛇和老鼠全都希求安樂，不願意受苦。

兔子說：「我們想要感謝她……在我來生……甚至連蛇都對她心懷愛意，何況是我這隻美麗的兔子！」
羊含淚說：「哇！真是不可思議，我一輩子都難以相信有人把我們從這種可怕的恐懼中救脫出來。」

為螞蟻受戒

. . . .

親愛的喇嘛梭巴：

　　我在陽台上殺死五十隻小螞蟻，之後馬上就後悔了。我寫信是要向您懺悔我所做的事，並且告訴您，我打算為被我殺掉的螞蟻受大乘八關齋戒，一天一隻。

愛，
珍妮（香港）

. . . .

摯愛的珍妮：

　　非常感謝你的來信。你想要回報那些螞蟻的方式真是太妙了，非常不可思議！我沒想到要為每一隻螞蟻受戒。

　　我確信所有的螞蟻都會歡喜踴躍、鼓掌。當你受戒圓滿時，牠們一定會為你聚會慶祝，祝你獲得一切安樂。

　　我代表所有的螞蟻，當胸合掌，非常感謝你。

大愛與祝福，
喇嘛梭巴

不該殺蚊子

. . . .

親愛的喇嘛梭巴：

　　我住在新加坡和馬來西亞的邊界，那裡有很多蚊子，幾乎不可能不去殺害牠們。對此，我很有罪惡感，因為我已經受了佛教的戒律，而且我知道殺生不好，但是我不知道自己還能怎麼做。

愛和感謝，

明娜（馬來西亞）

. . . .

摯愛的明娜：

　　你根本不該殺蚊子。你的身體那麼大，而牠們卻是這麼渺小。假設牠們的身體很大，而你很小，因為你非常飢餓，就去咬牠們，喝一點牠們的血，可是牠們卻因此把你殺死，你會怎麼看待這件事？情況是完全一樣的。

　　如果你不淨除自己的這些業，來生和今世都必定會受苦果。尤其是你已經受戒，必須持守清淨的律儀，其中有一條戒便是不殺生，這是很基本的行持。你必須依照我的建議，漸次、持續地修各種法，淨障集資。

　　你也應當閱讀菩提道次第，不僅為了一己的安樂，而且是為了一切有情，特別是蚊子的和平、安樂。

　　作為所有蚊子的喉舌，我代表所有蚊子，祈求你，請不要殺生。

摯愛與祝福，

喇嘛梭巴

・我不應當殺生！

鱷魚獵者

……以下是史蒂芬·厄文在2006年9月被魟魚攻擊身亡後，仁波切年寫給其遺孀泰瑞的一封信。（編註：史蒂芬·厄文，澳洲保育人士，暱稱「鱷魚先生」）

. . . .

摯愛的泰瑞：

　　為了我們親愛的史蒂芬·厄文，我向你致哀。史蒂芬以鱷魚獵者聞名於世，可能連蛇和鱷魚都知道。

　　多年來，我在電視上看到史蒂芬·厄文很多次：史蒂芬從事這一切不可思議、非常刺激的活動——捕捉蛇和鱷魚，把牠們放走，還幫助牠們。令我好奇的是，他如此地活躍，生命到底會如何終結？有一天會不會被那些動物之一所殺死？

　　一聽到他的死訊，我馬上為他持咒、課誦，淨除任何可能造成痛苦的因。我祈求他有最好的遭遇。

　　你和你的家人一定很悲傷。不過由於你和他有很強的連繫，依照佛教的哲理，你已經造下和他重逢的因。他或許不會以同樣的身形轉生，不過，就好比用一支蠟燭的火焰點燃另一支蠟燭，火焰會延續下去。

　　請繼續保持善心，為世界、人類，還有動物帶來和平。和人類比較起來，牠們在世界上占最多數。請繼續施予你對牠們的愛！

　　非常謝謝你！

摯愛與祝福，

喇嘛梭巴

動物也有心識

‧‧‧‧‧‧‧‧‧‧‧‧‧‧‧‧‧‧‧‧‧‧‧‧‧‧‧‧‧‧‧‧‧‧‧‧‧‧

親愛的喇嘛梭巴：

打獵是我們家傳統的運動。自從我開始學佛之後，已經不再參與家庭的打獵活動。但是他們爭辯說，動物沒有感覺。我曾經設法解釋為什麼應當悲憫動物所受的苦，但我的話並沒有太大的說服力。

祝福，

柯林（奧克蘭）

‧‧‧‧‧‧‧‧‧‧‧‧‧‧‧‧‧‧‧‧‧‧‧‧‧‧‧‧‧‧‧‧‧‧‧‧‧‧

親愛的柯林：

動物有感覺，擁有和我們同類的心識，就像我們一樣也希求安樂。

例如，如果你突然去觸摸動物，牠會立刻受到驚嚇。如果有人揍我們或用棍子打我們，我們也會害怕；如果有人向我們潑冷水，我們也會嚇一跳。你能夠忍受把指頭放在沸水中嗎？不行的。動物也一樣。

雖然動物不會講話，但牠們透過身體來表達恐懼。人類可以說話、抱怨、控訴、找警察，做許多事情來表達自己的恐懼等等。但是動物沒有辦法，牠們什麼都不能做。

不管其他人是否承認你在受苦，至少你可以解釋，人們可以聽得到。動物沒辦法這麼做，可是你可以從牠們的動作得知牠們的感受。當有人要攻擊牠們時，牠們會跑掉。牠們害怕，表示牠們想要安樂，不願意受苦。牠們和我們一樣有心識，這一點很重要。

　　如果你殺害牠們，就是造下惡業，將來會像牠們一樣。你將受苦報，達十萬劫之久。

摯愛與祝福，

喇嘛梭巴

・動物就像我一樣，希求安樂。

請勿獵殺

. . . .

　　仁波切建議在比較偏僻的佛教中心使用以下的標示，和「請勿獵殺」的告示牌放在一起。

　　請勿獵殺動物。牠們也要安樂，不要受苦。牠們就像你一樣，不想要被獵殺。

天 災

親 愛 的 喇 嘛 梭 巴

地震的來由

. . . .

親愛的喇嘛梭巴：

在台灣，我們經歷過許多大地震。科學家告訴我們，台灣處於地層不穩定的地區，靠近一些主要斷層帶，這是地震發生的主因。科學家對其他災害，如水災、颱風等等，也是基於自然的肇因而提出類似解釋。

這一切我都接受，我可以看得出這些現象必定有其自然的因緣。不過我還是有疑問：為什麼地震會發生？為什麼是現在發生，而不是在其他時間？為什麼有些人會碰到這些問題，而其他人卻沒有？真正的肇因是什麼？如果我們知道肇因，可不可能阻止它們發生？我們是否能夠做些什麼事情，來防範這些災難發生？什麼是處理生命中這一切困境的最佳方式？

謝謝您傾聽我的問題。

愛，
喬（台灣）

. . . .

親愛的喬：

科學家一談起地震，從未提到心——經驗現象的造作者，而是純粹由外在的演化來解釋所發生的現象。即使這是正確的，也只是短期的解釋。首先，這並沒有解釋發生這些事件的真正肇因。

從佛教最簡單的教理，就可以了解颱風和地震的來由——它們是來自過去惡業的果報。

經歷這些事情的業因，可能是造作十惡業之一或多種惡業，或許是肇自於偷盜、對其他有情懷有惡意，以及邪見（例如說轉生不存在，或皈依境佛、法、僧不存在）。在地震之後得不到庇護或引

導等等，可能是邪見所導致的一部分業果；另外，也有可能是殺生或其他十惡業之一的業果。

由於業的緣故，讓我們經歷颶風和地震。經歷這些天災的心，來自於自我愛惜的思想、貪或瞋，這些都密切相關。

這一切真正的根源是無明、不明瞭的心，不明瞭「心」、「我」或其他現象的究竟本質。

先有業因，之後才有助緣。地震不是來自外在，而是來自你的心。我們應當記得，即使外在的預防措施都做了，只要有受害的因，就會有果報。例如，即使建築物具備一切防震措施，還是會被地震所破壞；沒有任何防震措施的建築物，卻不一定會遭到地震的破壞。只要建築物具有遭到破壞的因，破壞就會發生，否則就不會被破壞。這是根據佛教四大教派共同的見解，他們都信受釋迦牟尼佛所說的：「你是自己的導師，也是自己的敵人。」

這是真理。我們到底會遭遇困境或安樂，就看我們日常怎麼處理自己的心，如何讓自己的心去思惟。如果我們讓自己的心採取積極的思惟方式，就會有和平；如果讓自己的心採取消極的思惟方式，就會有困境。

究竟來說，最佳的解決之道是，永遠不必再經歷這些困境。而這是可能的，只要我們在日常生活中淨除這些困境的肇因。

困境的因不是來自外在，而是我們的內在——消極、紛擾的情緒、自我中心的心。緣於這種心，生起無明、貪和瞋。接著，由於這些不良的心態，導致我們的作為變成是不善的，造下傷害自他的惡業。

任何外在的解釋，即使是正確的，也只不過是用來解釋這些困境的助緣。沒有內因——惡業，困境的外在條件就無從生起。

我們應每天祈求淨除往昔的惡業，而且要設法不再造惡業。

所以，（以在家人或僧、尼的身分）受戒、依循戒律過活、不造惡業，非常重要。

受戒——在心理上決心不做某些事情，有助於讓我們不再造惡業。

即使無法在聖境、僧團面前或從自己的上師受戒，還是可以精進地下定決心不造惡業，並依循戒律生活。

結論是：要徹底解決困境，最好的方法是修行佛法，尤其是在自己內心實證佛道，並淨除業和煩惱——生、老、病、死每一種苦的肇因。

這是最好的解決辦法，適用於癌症等所有的疾病和健康問題，乃至於享有長壽、健康、富裕、權勢、聲譽、和諧、平安、快樂、獲得別人的幫助、情愛、支持等等。

愛與祝福，

喇嘛梭巴

- 地震是過去造惡業的果報。
- 科學家談的只是短期的解釋。
- 要去除所有疾病，並享有美好的人生，最佳之道是淨除苦因，不造惡業。

森林大火

‧ ‧

親愛的喇嘛梭巴：

您大概已經聽說澳洲最近森林大火失控的消息。可否請您給我們一些建議，讓我們可以在佛法中心做點事，幫忙平息這些大火？

愛，

溫蒂（布里斯本）

‧ ‧

親愛的溫蒂：

森林大火還在繼續燃燒時，澳洲的中心應當做十一輪的藥師佛修法。

修這些修法時，向藥師佛強烈地祈請止息風且帶來雨，這樣做一定會對狀況有所幫助，尤其是中心的喇嘛也參與修法的話會更好。根據我的占卜，藥師佛修法將會很有助益。

愛與祝福，

喇嘛梭巴

如何平息天災

……有一位住在容易發生年度颶風地區的弟子向仁波切請示,仁波切隨即寫了一封通函給所有弟子,建議一些修法。

. . . .

親愛、慈悲的讀者:

發生災害時,比如:龍捲風、颶風、大雨、暴風雨、洪水、地震、火災,還有,在一個小時之內把穀物乃至整個城鎮摧毀掉的災害;造成數百億元損失的災害,要花許多錢重建城鎮;有些災害導致成千上萬的人死亡或無家可歸,沒有食物或缺乏乾淨的水等等,那時,你們可能不知道該怎麼辦,要修什麼法比較好。

儘管這種問題都很大,儘管有無數的佛,不過,

> 只要有人非常虔誠、全心全意、毫不懷疑地皈依乃至僅只一尊佛,並且持誦那一尊佛的咒,包括名號咒,整個情勢就可能完全改觀,就足以止息天災,並避免戰爭。

只要有人僅僅只是向一尊佛強烈地皈依、祈求,不管是任何困境都可能減輕,甚至完全止息。憑藉一個人修法的力量,就可能在那一個小時或下一個小時之內轉變天氣。

無疑地,如果修法的人實際具有證量,那麼每一個祈請文、每一句話都具有不可思議的力量。證量是指:

1.菩提心。

2.空性。

3.具有非常清淨的心,不含世俗八法的染垢。

4.過清淨的生活,持戒清淨,受持在家戒或出家(僧尼)戒,尤其是出家戒。

具有其中任何一種證量的人在修法時，天神、龍類和其他一切有情，包括世間八部眾（他們和天氣及諸大元素很有關連，還會令諸大具破壞性）都會比較聽話並服從這些行者，由諸大所造成的傷害和破壞便可望止息。

你們可以向許多尊佛祈求，例如：大白傘蓋本尊。

大白傘蓋對於避免諸大元素所造成的危險，極具威力。本著強烈的信心和強烈的皈依，把她的咒語或照片放在房屋周圍，然後觀想由咒語放射出甘露大雨，這種甘露足以止息火災，淨除昆蟲所受的苦，同時淨除一切有情的惡業，令所有的有情都度脫了。

向獅面空行母、觀音等諸佛或蓮花生大師唸誦祈請文。

觀想祂們，然後懷著十足的信心持咒，仰仗祂們，思惟祂們具足一切力量，示現不同的形相，因應不同的目的，饒益不同的有情。

你們也不妨修藥師佛。

藥師佛這個法門不僅是用在療癒，對於獲得成功、紓解困境，對於亡者、家庭的困境、病者、想要離苦得樂、找工作、事業成功等等，也頗具威力。

基督教的賢聖和佛教的菩薩都有一些事蹟，能夠防止洪水，徹底改變河川的流道，阻斷河流，直接穿過河川，走到對岸。

有一個關於格桑‧蔣揚‧孟南喇嘛的軼事。他具有菩提心的證量。札什倫布寺曾經面臨被洪水掩沒的危險，那時他在一塊石頭上寫道：「如果我真的有菩提心，水應當倒退。」然後河水真的就轉向、倒流了。

　　有一個關於聖法蘭西斯的軼事。有一次他和弟子住在一個洞穴內禪修，弟子要求聖法蘭西斯制止水流到洞穴裡面，以免干擾他們禪修。聖法蘭西斯就到山上的水源地說道：「姊妹，我的弟子們無法禪修。」從此以後，一直到現在，水都不再流出來了。如果水又開始流出來，將被認為非常不吉祥。

　　由於聖法蘭西斯的菩提心，水不再流出來。聖法蘭西斯的心徹底清淨，毫無世俗八法的染垢，而且徹底出離，是一位非常清淨的修行人。甚至從他的雕像、臉部的表情，就能夠感受到他的柔和，那是一種徵相，表示他具有菩提心、徹底調伏了的心。他看起來非常安詳、謙卑、美好，非常激勵人心，所有的鳥類都愛他，總是停在他的周圍和身上，這也是一種徵相，表示他是一位大賢聖。

　　有一位西藏大師也是一位頂尖的學者，曾經擔任色拉傑僧院的住持，他有一隻貓。色拉寺是西藏首府拉薩最大的僧伽大學之一，有好幾千位僧眾在那裡學習。自從那隻貓來和住持住在一起之後，就不再抓老鼠吃了。甚至當那隻貓看到老鼠在屋子裡跑來跑去，也只是安靜地留在住持的身邊。這是由於住持的加持——由於他已經調伏的心、他的菩提心加持和他的善心使然。住持的菩提心甚至能夠轉化貓的心，使牠不再傷害其他有情。

　　幾年前新聞報導有一個颱風即將襲擊佛羅里達，有一位老弟子打電話給我，要求我修法。我修了一些「米老鼠的法」（註：喇嘛梭巴仁波切當然不是真的修米老鼠的法，那是他開玩笑的謙詞），然後要他誦持地藏菩薩咒（雖然他要求我做）。他強烈祈求，皈依地藏菩薩，結果颱風轉向，沒有襲擊佛羅里達。他非常震驚，打電話告訴我：「真的有效耶！」

　　甚至別的地方或別的國家遭逢困境，只要本著誠心、信心修這

些法，你也一定可以幫上忙。即使自己本身沒有危險，我們還是有責任保護其他的有情。

・本著信心，甚至僅僅只向一尊佛祈求，都會有助於扭轉災難。
・甚至別的地方或別的國家遭逢困境，只要本著誠心、信心修這些法，你也一定可以幫上忙。

遏止禽流感

· ·

親愛的喇嘛梭巴：

您可以推薦有助於遏止禽流感蔓延的修法嗎？

至高祝福，

凱倫（西雅圖）

· ·

親愛的凱倫：

我建議如下的修法，以遏止禽流感蔓延。

1.淨除一切惡業和煩惱的真言

2.唐東嘎坡編寫的解脫薩迦疫癘

3.黑金翅鳥修法

4.金剛鎧甲真言

5.蓮花生大師除障祈請文

閉關持金剛鎧甲真言將會很有用。不一定是嚴格的閉關，也可以每天只持咒一百零八遍。

摯愛與祝福，

喇嘛梭巴

蓮花生大師

爆發伊波拉

. . . .

親愛的喇嘛梭巴：

在非洲這裡，我們對於最近爆發的伊波拉病毒非常關切、恐慌。許多傳染病能夠大規模地毀滅人口，並帶給人們莫大的痛苦和災難，這只是其中一種。

我深信業果，而且了解有過去的業因。像我這樣的修行人，如何幫助避免傳染病所帶來的無邊痛苦？

祝福，

派翠克（約翰尼斯堡）

. . . .

親愛的派翠克：

葉衣佛母是避免戰爭和伊波拉之類傳染病最好的法門，如果人們聚集在一起大量地修葉衣佛母，可望避免這種傳染病蔓延。

有一次在印度達蘭薩拉流行一種嚴重的疾病，造成許多人死亡。達蘭薩拉的人們每天聚集在一起修葉衣佛母，長達好幾個月之久，因而得以避免疾病肆虐。

事實上，有不同的修法對伊波拉和瘟疫有幫助：

1.葉衣佛母

2.金剛手－馬頭明王－金翅鳥

3.淨除一切惡業煩惱的真言

4.大息尊王咒

此外，人們也可以戴護身的咒輪。

學員們可以到瘟疫流行的地方修這些法，可以一面課誦，一面教

葉衣佛母

其他人共修,以改變業緣。人們聽到學員們誦咒,對他們也有幫助。

愛與祝福,

喇嘛梭巴

・我可以幫忙改變那些受苦者的業。

人禍
親愛的喇嘛梭巴

幫助911的受難者

……當911恐怖份子攻擊的新聞揭露後,很多人開始打電話請示仁波切,如何幫助在紐約和華盛頓災難中死傷的民眾。

. . . .

對於那些想要幫忙的人,我的建議是:

受大乘八關齋戒,盡量多唸誦觀音咒,精進地向觀音祈請,祈求人人內心生起慈愛心,尤其是那些肇事者。

你們也可以祈求他們的心能夠轉變,止息傷害其他有情的念頭,尤其是那些在美國的人;並且祈求此地和世界其他各地都享有和平、安樂──盡可能有更多的安樂。

你可以觀想由觀音放射出甘露光,射入每一位在美國的人,尤其是那些亡者和傷者。甘露光也射入全世界每一個人,淨除所有的痛苦、疾病和傷害的惡念,以及包括戰爭在內的一切苦難。戰爭只是輪迴的苦海之一。一面禪修菩提心,一面這麼觀想,無疑地,這非常重要。

任何人在任何時候做這些修持,都是好的。縱使沒有戰爭、癌症等等,死亡還是會來臨,而且可能出乎意料地到來──有一種戰爭是在我們自己的心中,有一種伴隨諸大元素的災難在我們的身體裡面,此外,當然還有「業」。

煩惱和業是死亡的肇因。

只要煩惱和業還在,我們就不可能克服死亡,將永遠必須經歷生死輪迴,因為從來沒有人長生不死。

當然，沒有佛法，便不可能克服生死。佛法意謂滅除煩惱和業。

這也意謂，你自己要正確地修行佛法，這樣，你就可望永遠解脫生死，成辦永恆的安樂。要徹底避免戰爭，永遠不再經歷，必須回歸到佛法，了悟空性、發展智慧，藉以斬除無明——輪迴的根。這種無明是苦海中其他所有一切煩惱的罪魁禍首。

除了這些修持之外，還可以連日修一些法來防範地震、水災，以及其他諸如此類的障礙，包括戰爭。這些方法必定有效，但是必須長期地修，而且修法者必須是清淨的修行人，具有修行的證量，過著清淨的生活，這樣就有更足夠的份量平息這種障礙。

當然，一旦業已經成熟，要予以制止，就難上加難。還沒有成熟的業比較有機會去扭轉。

此時此刻，我們最好精進地修皈依，並且淨除傷害其他有情的惡業。本著皈依修持並祈求和平，同時唸誦大瑜伽士兼大成就者唐東嘎波所編寫的「消弭戰禍祈請文」，這種做法很好。我會把這篇祈請文送給誠心想要防止未來發生戰爭的人們。

愛與祝福，

喇嘛梭巴

· 祈願人們止息傷害其他有情的念頭，也祈願他們盡可能享有更多的安樂。

· 煩惱和業是死亡的肇因。

· 沒有佛法，便不可能克服生死。

錯誤的隨喜

……911事件發生後，美國政府隨即開始攻擊阿富汗。以下是仁波切所提出的忠告。

． ． ． ． ． ． ． ． ． ． ． ． ． ． ． ． ． ． ． ．

切莫隨喜現在所發生的事件，這涉及很嚴重的惡業。

如果我們不喜歡或憎恨賓拉登或其他任何人，而聽到他們被殺或被毀，也許自然會隨喜或感到高興。不過，例如當我們聽到有一千人被殺或被害，如果我們加以隨喜，就造下等同親自殺害一千人的嚴重惡業。

雖然你並沒有實際參加戰爭，但光是隨喜這件事或感到高興，就造下等同親自殺害一千人的惡業。你並沒有實際對他們丟炸彈或射殺他們，你什麼事都沒做，卻和實際殺害一千人的人造下同樣嚴重的惡業。

如果你不喜歡或憎恨這些人，因而隨喜他們壞事臨頭，會帶來非常嚴重的後果。如果你不憎恨他們，我不認為你會這樣隨喜。

我第一次聽到阿富汗有些地方遭到破壞時，不是很謹慎。新聞報導沒有提到「人們」或「殺害」，只說有些「地方」被毀。當時我沒有很留意自己的心，沒有好好看它，所以感覺有點不錯的樣子，隨即我注意到自己的感覺，之後我就比較警覺了。

聽新聞報導時，千萬要小心，不要隨喜。能夠像這樣地禪修，你的觀點就會有所改變。

當你不禪修，而且沒有懷著慈悲心珍視有情，可能就會把他們看成是可厭的，而隨喜他們的死亡。

喇嘛梭巴仁波切開心地閱
讀藏文經典。2007年7月攝
於紐約。

・不要隨喜人們被殺害。
・當我聽到人們被殺或被害，如果那時加以隨喜，就造下等同親自殺
　害那些人的嚴重惡業。

如何自保？

. . . .

親愛的喇嘛梭巴：

我發現911事件令人深感不安，真的令我信心大失，我領悟到我們並不如自己所感覺的那麼安全，真的有敵人在。到底他們來自何方？為什麼他們會在那裡？我不想活在恐懼中，不過現在對我來說，安全似乎變成是一種煩惱。有什麼確保安全的方法嗎？我們應該如何防範敵人，而不對每個人滋生壞的念頭？我希望對每個人都懷有慈愛的念頭，但是我從來沒有像現在這樣對人懷有這種恐懼。我該如何看待潛在的敵人？我們應當如何提防別人以求自保，而且不對他人產生敵意？請您指點。

至極祝福，
喬治（香港）

. . . .

摯愛的喬治：

你好嗎？在紐約發生的事件真是非常可怕！根據新聞報導，恐怖份子籌畫這個令人無法置信的破壞事件，殺害那些大樓中數以千計的人，以及飛機上的人。根據報導，被劫機的其中一架飛機上有一位旅客覺得不對勁，還能夠用手機打電話跟太太說，他和飛機上其他幾個人要設法制止劫機者，接著訊息便突然中斷，電話再也沒有聲音了，可見一定是發生事故。他可能曾經設法制止飛機撞進白宮或大衛營，而讓飛機轉而到森林中墜毀。

1.為了避免遭受像這種或其他任何一種傷害，解決之道是淨除過去傷害其他有情的宿業，而且今後不要再造作新業。

2.避免人們傷害世人，究竟的解決之道是，改變他們的心，從瞋心轉為慈悲心，而且幫助他們徹底滅除煩惱，甚至包括煩惱的種

密勒日巴年輕時殺過很多人，
後來成為大禪修家和聖賢，這
表示心是可以轉變的。

子或習氣。

　　唯有如此，他們才完全不會再傷害其他有情。唯有佛法能夠帶
來穩固的慈悲心的證量，也唯有穩固的慈悲心，足以避免暴力傷害。

　　即使身體被毀，徹底瓦解，也只不過是毀掉心識的住屋。

　　心識會繼續受取不同的身形，所以還是可能一再地受傷害，而
且反過來傷害他人。我們一直就是這樣，創造無盡的苦。

　　因此，非常重要、緊急的課題是，消除我們的煩惱和瞋心，把
我們的心轉化為慈心、悲心、愛惜其他有情的善心。

　　為了不再有任何仇敵──人們不會成為你的仇敵，你也不會變
成他們的仇敵，這是究竟的解決之道。

愛與祝福，

喇嘛梭巴

・我要淨除傷害其他有情的宿業，而且今後不再造作。

給美國總統的一封信

……2001年9月11日事件發生之後不久，仁波切寫了一封公開信給美國布希總統。以下是這封信的輯錄。當時仁波切還提供透過修行的途徑來對付恐怖主義（參見下一封信：護國息災之道）。

· ·

親愛的總統先生：

恐怖份子攻擊世貿中心和五角大廈，造成很大的傷害。他們不僅殺害三千人，整個世界的經濟都受到影響，數以萬計的人失業，而且經歷其他慘痛的後果。自從戰爭爆發以來，有些人一直在抗議，並且呼籲和平。

如果人們真的想要和平，就應該提出清楚、務實的想法，制止恐怖份子攻擊美國和其他國家。

·戰爭所導致的問題

一般而言，戰爭是庸俗的方法，世俗人視之為解決的辦法。

戰爭的問題在於，即使打贏了，還是會有後遺症，就好比吃藥有副作用一樣。戰爭或許暫時對局勢有幫助，但是之後會持續複雜化。即使贏得了戰爭，對國家或對負有責任的個人來說，都不是真正永久的勝利，僅只是暫時的勝利。為什麼？因為被你打敗的人會懷恨在心，未來幾代都會反過來傷害你。以業的自然法則來說，傷害的行為在心流留下習氣，就好比種子，一旦種子成熟，勢必嘗受被其他有情傷害的果報。

只要有可能，應當盡量避免戰爭。可以嘗試其他途徑來解決問題，包括向所有修行傳承的領袖求教。

萬一其他所有的途徑都行不通，另一種可能的解決方式是，掀起一種不含瞋心的戰爭，看起來是暴力，其實是出自良善、和平的動機。

‧懷著慈悲心害他

只因為看起來似乎是暴力行為，不見得就要界定那是惡業，因為有些行為表面上好像是暴力，其實最良善、清淨，旨在創造內在的和平。

佛法的基礎是建立在不傷害其他有情，而且利益其他有情。

不過，當一位邪惡的眾生傷害自己，並對其他許多有情和整個世界造成巨大的傷害，大乘佛教中有所謂「菩薩」的大聖者，具有至極的悲心，可能會選擇奪取那位有情的生命。

他們徹底犧牲自己，樂於承受由造下殺業所導致的任何苦果，例如墮入地獄。菩薩這麼做，是為了利益那位有情，阻止他從事有害的行為，也是為了其他有情的和平、安樂。因為那位聖者看得出奪取凶暴有情的生命，對其他有情裨益甚大，所以這種行為不會危及菩薩。如果奪取一位邪惡有情的生命是利大於弊，佛陀便允許具格的大聖者這麼做。

雖然表面上是憤怒或暴力的行為，實際上所造的業並不會對造惡者造成傷害，只會對他有利。這種行為完全沒有摻雜絲毫的瞋心，外表雖然顯現忿怒相，但是內在卻完全沒有傷害其他有情的瞋心。

這就好比孩子非常調皮，父母用盡和平的方法都無法掌控孩子，便只好現出忿怒相來責罵孩子，因為這是唯一能夠掌控孩子的辦法，讓他擁有美好、成功的未來。

·可怕的無明

這些恐怖份子的心十分無明——難以置信的無明、幻覺，他們困在嚴重的無明黑暗當中，絲毫沒有智慧的光明。因為他們完全困在太多層層疊疊厚重的邪見鐵籠中，使得他們甚至看不出自己的見解是錯誤的，行為是有害的。他們的惡念和惡行造成數千人喪生，包括許多救火員為了救人而犧牲生命。以佛教的觀點來看，由於這些非常嚴重的惡業，他們勢必會受苦達好幾千劫之久，遭受無數的傷害。他們對其他有情及全世界造下非常嚴重的傷害性行為，本質上是緣起的；換句話說，是由某些特定的因所造成，將來必定會感得相似的等流果。

善有善報，惡有惡報。因此，恐怖份子對他們自己、對美國以及世界其他地方所造成的傷害，大得超乎想像。

·轉生

轉生不僅是佛教的哲理和經驗，基督教也講轉生，因為它談到今生死後有天堂和地獄，同時也談到復活。到現在還沒有人證明轉生不存在，但是已經有無數人基於自己的經驗，了解到轉生的確存在，生命並非在身體死亡時終結。

身體死亡後，心仍然存續，惡念也會存續，所以這些恐怖份子將會繼續不斷地一再傷害其他有情，永無止境，直到他們的惡念止息。

·心的宿疾

貪慾、瞋心、不滿足的心等等，諸如此類的惡念是心的宿疾和

主要的苦因。如果世人不從內心下功夫去滅除惡念，讓心轉好，那麼即使身體壞滅了，心也不會消逝，這一切心念還是會跟著存續下去。

這是最大的問題。最究竟的解決之道是止息惡念，尤其是藉由生起最究竟的善心——愛惜其他有情、利他的慈愛心和悲心，令惡念止息，這樣一來，你就不會加害其他有情，也不會被其他有情傷害，彼此只會互相裨益。

・宗教應當導致究竟的安樂

我認為宗教照理應當在這個領域提供協助。我確信大多數的宗教都可以貢獻一些好東西給人類，凡是提供完整的方法和修行之道的宗教，都應當是帶領有情達到究竟的安樂——息除所有的惡念、染垢的情緒心，包括所有惡業的種子。

如果你的宗教傷害其他有情，也就會傷害你。若是那樣，宗教信仰就沒有意義了，還不如完全沒有宗教信仰。

・照顧心

我一直在留意新聞，也聽到各個不同的領袖和人們在談論並提供建議，但是我從來沒有聽到任何人強調有必要照顧心，守護世人的心。很顯然的，好壞、苦樂，一切都來自於心，但是大家卻隻字不提發展慈心和悲心的必要性，沒有人強調全世界人人都有必要修慈悲心，我從來沒有聽見任何人談到這一點。

我只聽到「悲心」這個詞兩次，都是布希總統說出來的。有一次你談到美國是一個慈悲的國家。在這麼多的談話當中，非常難得

聽到悲心這個詞。

我很高興聽到你和英國首相布萊爾很明確地提到，你們不是在攻擊回教或伊斯蘭教，而是針對恐怖份子。你們必須一直強調這一點。

如果全世界——回教徒、基督教徒等等，乃至每個人，都能夠發展悲心、慈心和宇宙責任，那該多好！如果政府能夠特別在這方面下功夫，在學校針對這方面提供特別的教育，這樣一來，一個小孩就能夠把大量的和平安樂帶入自己的生命，還有家庭、國家乃至全世界。當那個小孩為人父母後，又會教育自己的孩子修宇宙責任、悲心和慈心，使得善心代代相傳下去。

愛惜其他有情，在辦公室、工作、居家隨時隨地都下功夫發展好心腸，才是徹底止息全世界恐怖主義最究竟的辦法。特別下功夫提供這種教育，轉念並發展善心，將有助於削弱瞋心，增長寬恕、容忍，維持和平。即使僅僅是一個小孩，都能夠為上百萬人帶來和平。

有關這種做法的特殊動機和如何實踐的說明，可以取自基督教、佛教、伊斯蘭教或其他宗教，只要有助於發展對其他有情的宇宙責任、悲心和慈心。

• 宗教交流會議

宗教交流會議也很重要，所有不同的宗教傳承在不同的宗教領袖領導下聚在一起，依照各自的傳承祈福。年輕人也應當參與。如果全世界的年輕人聚在一起，共同祈福，將會對促進世界不同宗教間的和平與和諧有所貢獻。

·美國提供許多的自由

我之所以寫這一切，是因為我特別關懷美國人。這個國家為和平、安樂提供極多的自由，有充分的宗教自由和言論自由。我不懂為什麼中國大陸不能夠提供同樣的自由給西藏人和其他人。

最後，我迴向功德。每天我都祈求所有的有情獲得和平、安樂，但願人人都能夠生起珍貴的慈心、悲心和滿願的善心。唯願大家互相饒益，人人內心充滿喜悅和大樂。願全世界充滿和平、安樂。

祝福，

喇嘛圖敦·梭巴仁波切

· 我們在戰爭中打敗的人，會對我們懷恨在心而回頭來傷害我們。

· 善有善報，惡有惡報。

· 恐怖份子殺害數以千計的人，他們將因此累劫受苦。

· 止息惡念是解決之道。

· 發展慈悲心。

護國息災之道

……2001年911事件發生不久之後，仁波切寫了一封信給布希總統，同時也提供一些佛教的修行法門，可以用來化解恐怖份子的攻擊和其他大規模災難的危險。雖然仁波切以下這段話是特別針對美國人而說的，不過在這裡所提到的法門，一樣可以用來保障全世界的民眾和國家的安全。

· · · · · · · · · · · · ·

　　我了解情勢非常困難，而且美國人非常憤怒。不過除了戰爭之外，還有其他方法可以解決問題——透過修行的途徑。我們有可能憑藉修行的力量，而非利用武力來克服這些恐怖份子。戰爭會消耗許多的生命和金錢，甚至一顆飛彈都非常昂貴，價值數百萬元。使用修行的力量來解決問題，則可以節省這一切費用和成本，幾乎不需要任何的花費。

　　佛教，尤其是西藏佛教，有許多方法有助於帶給有情和平、安樂。

　　對於美國和全世界現在和未來的和平、安樂，尤其是防範各種恐怖份子的攻擊或被其他國家攻擊，我要建議和貢獻的是各種不同的修法。

　　1.持守清淨戒律的人，尤其是出家人，應當唸誦《金光明經》。這是釋迦牟尼佛最寶貴的聖教之一，讀誦這部經的利益浩如無邊虛空：為國家帶來和平，防範外來的傷害和攻擊，消弭其他困境，包括經濟的困境，而且防範天災，諸如地震、暴風雨、水災、旋風、颶風等等。

　　在美國的佛教僧尼可以誦這部經，為期兩、三年。在家人還有心胸開放的非佛教徒，也都可以讀誦這部經，會對國家裨益甚大。

美國面臨的危險不僅來自恐怖份子，還有天災，諸如地震、颶風等等。藉由消除其因緣條件，尤其是淨除遭受災害的人們心中的業因，就可望掌控這些天災。

我的下一個建議是：

2.有一個很有威力的藥師佛禪修短軌，是由徹悟的瑜伽士蓮花生大師所傳下來的。這個法門可以用來防範從其他有情傳染到疾病，或者萬一已經被傳染了，也可以痊癒。我想這會非常有幫助。另一位修行人也推薦這個法門，並預言對防範癱毒非常有效。

3.還有一個很有威力的咒語：淨除一切惡業染垢咒。這不僅可以防範癱毒，而且如果每天唸誦，更是最佳的保障，避免由地震、火災、旋風、颶風、水災等由四大不調而導致的生命危險。

為了防範建築物受損導致好幾十億元的損失，以及讓許多人免於死亡，還可以修以下的法。

4.有一個法門是供茶給主宰氣候並製造干擾的有情。有一個茶供祈請文稱為「向世間八大具力魑魅獻浴」，非常有效。這個修法本身其實沒有什麼，只不過是簡短的祈請文，稱呼他們的名字，請他們不要製造干擾。

5.精進地向女身佛度母祈求，也是止息危險非常有效的方法。度母是一切諸佛事業總集的化身，可以修她的一個咒語、一個短軌的祈請文和二十一度母讚的長軌。

6.虔誠地依止釋迦牟尼佛，唸誦佛的名號和咒語，強烈地向佛祈求消弭險難，將會非常有效。

7.唸誦《金剛經》。

8.一面唸誦《心經》，一面禪修空性。

9.在這些險難即將發生時，另一個非常有威力的法門也會有幫助：向悲眼觀視者（觀音）祈求——持咒、全心全意地依止，精進

梭巴仁波切專注地描繪佛像

地向祂祈求。

這些是幾個小小的建議，技巧雖然簡單，不過，對於整個地區和國家可能裨益非常大。其他可以做的事情是：

10.佛教的密續法門應有盡有，可以克服包括戰爭在內的各種災難，並且淨除其肇因，不過成功與否，當然要看做這些禪修者的功力如何。

即使災難即將發生的地區沒有西藏佛教中心，還是可以請別州西藏佛教中心的人修法。

我在這裡設法做的是，舉出幾個簡單的例子來說明如何避免重大的障礙發生。我想強調的是，在某些情況下，普通人無法掌控災難，必須仰仗修行的途徑，設法運用具有威力的修行法門來防止或

減輕災難。這不僅是指佛教的法門，也包括基督教、印度教、回教或其他宗教。

發生天災等的主要肇因，存在於遭遇災害者的內心，而這些肇因是可以淨除的。

總之，非常重要的是，在因成熟為果而遭遇困境之前，要修慈心、普世責任、容忍、寬恕，慈待其他有情——愛惜其他有情，而非疏忽他們，只愛惜自己。

雖然我在這裡解說的是取自佛教的方法，這就好比有死亡威脅時要吃藥，宗教的傳承不是真的那麼重要，問題在於要想辦法活下去，而且要解除其他有情的險難。主要是務必讓大家能夠運用這些咒語和祈請文消災免難，這些都沒有副作用，不會對身或心造成傷害。

運用神通護生

· ·

親愛的喇嘛梭巴：

我聽說佛教的教法中講到，所有的心識都具有開發神通的力量，這是怎麼辦到的？還有，一個人會如何運用這種技巧？仁波切，請讓我知道您的想法。

至高的祝福，
彼得（美國，聖塔克魯茲）

· ·

親愛的彼得：

有些人內心清明，污染、障蔽比較少，所以可以看見別人看不見的事情，甚至可以看見遙遠國家發生的事情。

有些人能夠記得曾經在母親的子宮裡面，然後出生。我知道有一個人對那方面的記憶非常清晰。雖然大多數人都不記得，不過很多人記得。

還有，許多孩子記得自己的前世，而且描述得很清楚。這不只是西藏喇嘛的經驗而已，許多西方人天生就很清楚地記得前世，聖菩薩、大賢者都可以看見過去和未來的百萬世。

透過禪修，尤其是修止，心會變得更清明，就能夠發展更高的力量。

還有，藉由禪修本尊也會看見過去和未來，甚至可以透過持咒來達成，例如，唵嘛呢唄美吽。

整個問題在於心識清明的程度如何。內心的染污、煩惱越少，就越有能力看見過去、現在和未來，但是大多數人不具有那樣的清

明或能力，所以看不見。心識的清明是心識本具的潛能，可以被開
發出來，令人清晰地記得前世和來生。

我認為美國和其他國家有必要開發神通，看見超越普通人非常
有限的所知範圍，以便能夠運用神通來保護性命。

然而，即使是高度發展的神通，還是無法避免所有具有破壞
性、危險性的狀況。不過，有能力超越普通人所見的範圍，就會有
能力避免許多巨大的傷害。例如，考量一下911事件，其實恐怖份子
早就研究、演練好幾年了，最後才付諸行動，完成他們的目標。所
有的一切一直都被隱瞞起來，但如果你有能力讀他們的心，就會知
道他們的想法和計畫。

外在的保護很有限。有能力讀別人的心，有助於讓我們更有辦
法保護其他有情的性命。

摯愛與祝福，
喇嘛梭巴

> ・開發神通是可能的。

共業的力量更強

. . . .

親愛的喇嘛梭巴：

　　我有一些關於業的問題，希望您能幫我解惑。尤其是世界上發生的一切殺戮，令我非常不安，我正在設法了解其中業力的牽連。當有一大堆人支持殺戮，譬如死刑和戰爭，誰會承受業報呢？難道只是直接負責殺戮的人得到報應嗎？或者是每個參與其事的人都有份？如果人人都有份，業會不會因而淡化？換句話説，共業是否意謂個人分到的那一份會少於獨力所造的業？

感謝和至高祝福，

唐娜（威斯康辛）

. . . .

親愛的唐娜：

　　眾人所造的共業更強勢。例如，如果一百個人都刻意要殺一隻羊，且把那隻羊殺了，其中每個人都具有殺那隻羊的惡業。這意謂如果政府決定打仗，且該國人民都支持這個決定，不管多少人死於戰爭，該國的每一個人都造下這麼多的殺業。如果一個人被殺死，人人都造下殺一個人的殺業；如果一千個人被殺死，人人都造下殺一千個人的殺業。

　　不過，如果一個人殺了一隻羊，其他人並沒有支持他，那麼就只有那個人造下殺一隻羊的惡業，相較之下就可以看得出來哪一種業比較強勢。例如，許多人具有同樣的意圖，共同去殺一隻羊的業比較強勢。同樣的，不管是一百個人或一個人造塔，其中每一個人所造的功德都一樣，所以由許多人共同造塔，功德更大。

　　相同的，一個僧人在寺院或房間誦經一次，沒有其他人參與，

比起和所有的僧伽一起誦一部經，和所有的僧眾一起誦經所造的共業，力量更大得多了。

這也適用在修法。例如，單獨在自己的房間或寺院內修上師薈供，或是和團體一起修法，則和團體一起修法更有力量。越多人一起共修，力量越大。

不管是為了成辦一個計畫或成就證量，業力越強勢，果報便來得越快。

愛與祝福，
喇嘛梭巴

- 越多人支持一個活動，業果就越大。
- 業力越強，果報來得越快。

七政寶和八吉祥圖

幫助大海嘯的亡者

……針對2004年12月大海嘯事件，許多有情喪生，仁波切發表以下的談話。

．．．．．．．．．．．．．．．．．．．．．．．．．．．．．

當地的人和國際各界大都關心亡者。由於許多亡者從未值遇佛法，一輩子都在煩惱的掌控下造惡業（其中很多是漁夫），一生中連淨除一個惡業的機會都沒有，這意謂他們大都將會墮入惡趣，甚至在輪迴最慘烈的境界——地獄當中受苦。

身為相信業果的佛教徒，我們可以為亡者祈求。世界上大多數人都很悲傷，但是他們不懂得轉世和業果的道理，或者即使知道，也不知道該做什麼來幫助亡者，所以，我們不妨代表他們來修法。

梭巴仁波切手繪的漫畫

電影

親愛的喇嘛梭巴

不願面對的真相

……以下是2006年9月仁波切看完美國政治家艾爾‧高爾拍攝的影片之後，所寫的一封信。

．．．．．．．．．．．．．．．．．．．．

非常親愛、可敬的艾爾‧高爾：

聽說你拍攝一部很具啟示性的電影「不願面對的真相」。我和幾位來自不同國家的出家眾（僧伽），還有其他幾位佛教徒一起去看這部電影，所見的真相非常令人震撼：發生在全世界，世人所到之處，尤其是發生在美國的情況，實在很驚人……而且一切都是基於金錢，只是要賺到更多錢。

問題已經開始發生了：許許多多人都在經歷地球暖化的危機、洪水的危機、冰雪融化，這一切很快會危及全世界更多人，包括美國，甚至西藏首府拉薩也變得更暖和。從前不像現在這樣，情勢已經改變了。

我的結論是：這都是由於人類對這方面的課題欠缺教育，沒有覺察到自己在世界上的所作所為會有其後果；大家都沒有保持正念，都不了解這一點。

我和所有去看電影的出家人和其他佛弟子都非常欣賞你努力揭露真相，為世人揭示、介紹真相。請繼續擔負責任，利益這個世界，減輕苦難，為世界帶來和平、安樂。

終究來說，是要讓大家發展善心，人人活得安樂，彼此互利共榮，包括不同的宗教之間，還包括動物（比人類多很多）。

祝福你長壽，利他的願望都能夠順利達成。可能的話，請特別幫助達賴喇嘛尊者和西藏人得以如同往昔般，享有完全的政治和宗

教自由，讓西藏人得以由達賴喇嘛尊者領導，這是大多數西藏人非
常殷切渴求的心願。

真誠的，

喇嘛梭巴仁波切

佛教詞彙

親愛的喇嘛梭巴

佛教詞彙

【一劃】

一切種智、遍智 omniscience

(參見： 佛)

【二劃】

八暇十滿 eight freedoms and ten richnesses
菩提道次第的教法提到，有利於修行的暇滿人身，具備八種閒暇和十種圓滿。

十惡業 ten nonvirtuous actions
指：殺生、偷盜、邪淫、妄語、兩舌、惡語、綺語、貪、瞋、痴。

二諦 two truths
指：勝義諦（究竟、絕對的真理）和世俗諦（凡俗、相對的真理）。

【三劃】

上師 guru
（梵音：咕嚕；意為：功德重者；藏音：喇嘛）教導弟子解脫和成佛之道的導師、善友。

小乘 Lesser Vehicle
又稱為聲聞乘。佛教一般分為大乘和小乘兩種修行道；小乘的主要修行目標在於自己解脫輪迴。

下士道 lower scope
(參見：菩提道次第)

大乘　Mahayana

大乘的修行者基於大悲心而以成就佛果為目標；為了圓滿引導一切有情達到究竟安樂的佛果，而發願成就佛果。大乘包括波羅密多乘和密乘。（參見：小乘）

大乘八關齋戒　eight Mahayana precepts

一日一夜二十四小時中遵守八條清淨的戒律： 不殺生、不偷盜、不淫、過午不食、不妄語、不著香華鬘、不歌舞娼妓、不坐臥高廣大床。

大悲佛　Compassion Buddha

指觀音。

上師薈供　Lama Chopa; Guru Puja

（參見：薈供）西藏佛教傳統上很重要的一種密續修法儀式，通常在藏曆每月初十和二十五舉行，以及上師的長壽法會，內含禮讚上師的功德和恩德、獻上廣大的供養、祈請上師加持、禪修菩提道次第等等。

三增上學　three higher trainings

指：戒增上學、定增上學、慧增上學。

三界　three realms

指：欲界、色界、無色界（參見：輪迴）

千手觀音禁飲食齋（紐涅）　Nyungne

密續事部的一種修法，內容包含：受大乘八關齋戒、禪修千手觀音、大禮拜等，淨障集資的威力強大；兩天為一輪，第一天日中一食，第二天不吃不喝並禁語。

三十五佛　Thirty-five Buddhas

往昔發願幫助眾生淨除各種業障的三十五尊佛，基於祂們慈悲的願力，如果眾生由衷地懺悔，虔誠地恭誦這三十五尊佛的名號，同時禮拜、唸誦三聚經，具有淨除無數重大惡業的強大威力。

三種戒　three vows

依不同的修行層次而受持的戒律：別解脫戒、菩薩戒、密乘戒。

大白傘蓋本尊 White Umbrella Deity

密續的女本尊,擅長除障、化解險難。

【四劃】

中脈 central channel

在密續中,中脈是細分身的主脈,就在脊椎骨的前方。(參見:細分的身心)

天神 deva

居於天界者。天界是輪迴的上三界(天、人、阿修羅)之中最高者。

中陰 intermediate state

死亡和下一個轉生之間的存在狀態,時間不超過七週、四十九天。

仁波切 Rinpoche

藏音,意為:珍寶。這是西藏人對經過認證的轉世喇嘛的尊稱;轉世喇嘛是人中之寶,因為他們是基於願力再來這個世界轉生,以便繼續弘法利生;不同於一般凡夫受無明、業力的驅使而來轉生。

方便與智慧 method and wisdom

成佛之道的兩大支分。方便道主要是發展慈悲、利他的菩提心;智慧道主要是發展了悟空性的智慧。

手印 mudra

具有象徵意義的手勢。

止 calm abiding

止的梵文是 shamatha,漢文音譯作「奢摩他」。修止能夠止息煩惱,令內心遠離昏沉、掉舉,而得以專注、穩定地安住於禪修的所緣境,引發身心輕安。

心經 Heart Sutra

佛闡述空性一部非常簡要的經典。西藏佛教傳統上把心經列入說法前的課誦。

內供丸 inner-offering pills

修內供所需要的加持丸；內供是密續的一種修行。

水供 water-bowl offering

西藏佛教格魯派九種前行法之一。一般的做法是擺設許多盛滿紅花水的杯碗，用來供養佛像、佛塔等聖境。許多修行人把此當作淨障集資的日常功課。

【 五劃 】

本尊 deity

在密續的修法中被當作禪修的對境。本尊通常是佛的示現。

本尊儀軌 sadhana

（梵文的原意為：獲得成就的方法）觀修本尊法所依據的儀軌，用以成就本尊相應。

世間八法 eight worldly concerns

指八種俗慮：貪求（1）利得（2） 安樂（3）稱讚（4） 聲譽；規避（1）損失（2） 痛苦（3）譏毀（4） 惡名；這是世俗凡夫一般的動機。

四聖諦 four noble truth

指苦諦、苦集諦、苦滅諦、道諦，這是佛陀初轉法輪說法的主題。

功德 merit

由於身、語、意的善業，而在內心積聚的善能量。

出離心 renunciation

由衷地徹底厭離輪迴，因而日夜不懈地努力修行，以達到從輪迴當中解脫的目標。

世親 Vasubandhu

西元四、五世紀間，印度重要的佛教大師，又名天親，是無著菩薩的弟弟，本來學小乘，後來受無著菩薩的影響而轉入大乘，成為大乘佛教瑜珈行派創始人之一。論著豐富，如《阿毗達磨俱舍論》等。（參見：阿毗達磨俱舍論）

加持繩 protection cord

經過具格的上師加持的細繩,通常戴在脖子上以除障、護身。

【六劃】

地獄 hell

輪迴中三惡道的最底層,其中的有情恆時受最劇烈的苦。

自我愛惜 self-cherishing

自私自利、漠視其他有情,把自己的利樂擺在其他有情之前,是修證菩提心的主要障礙。

有情 sentient beings

(藏文的原意:具有心識者)指還未成佛者。

在家五戒 five lay vows

不殺生、不偷盜、不邪淫、不妄語、不飲酒或服食毒品。

光耀天女 Marichi

密續的女本尊,擅長止息外在的障礙。

印經咒 printing texts and mantras

淨障集資的法門之一。

【七劃】

佛(佛陀) Buddha

(梵文;意為:完全醒覺)證得佛果者,滅盡內心的一切無明障蔽,具足一切功德,具有洞徹一切的一切種智、圓滿的慈悲和圓滿的威勢力;有時候是專指釋迦牟尼佛。

佛性 buddha nature

心識究竟的本質，每一位有情本具的成佛潛能。

邪淫 sexual misconduct

十惡業之一；不當的行淫，指和不當的人（如：和他人的配偶），在不當的部位、時間、場所（如：寺院）行淫。

佛塔 stupa

佛教的聖境之一，象徵佛的聖心。

別解脫戒 Pratimoksha vows

以出離心為基礎，受在家五戒，乃至出家具足戒，令身口惡業別解脫。（參見：三種戒）

利器之輪 Wheel of Sharp Weapons

西元十世紀法護法師（Dharmarakshita）的著作，主要講因果報應的道理，被奉為修心的寶典。

那洛六法 Six Yogas of Naropa

印度大師那洛巴提出的一套無上瑜珈密續實修次第口訣。

【八劃】

阿毗達磨俱舍論 Abhidharmakosha；The Treasury of Higher Knowledge

西元四、五世紀，印度的佛教大師世親的經典之作，綜合上座部佛教的精義，被譽為聰明論。

阿羅漢 arhat

（梵音；意為：殺敵者）已經降伏煩惱，達到解脫輪迴者。

阿修羅 asura

六道輪迴中上三界（天界、人界、阿修羅界）之一，高於人界，但比天界受更多苦。

法身和色身 dharmakya and rupakaya

法身指諸佛的一切種智心,色身是佛為了利益眾生所化現的種種形相。

空性 emptiness

指一切現象(包括自己)存在的究竟真相——不是真實、獨立、固有存在,不是從自己方面存在,而是自性空、無自性、緣起的存在。

宗喀巴大師 Lama Tsongkhapa(1357-1419)

西藏佛教格魯派傳承的創始者,是一位大學者和大成就者,畢生從事非常廣大的利生事行,貢獻甚鉅且影響深遠。他的著述豐富,例如菩提道次第廣論等,以及密續方面的許多論著。

念珠 mala

唸咒時計數用的串珠,通常含有108顆數珠。

咒語 mantra

(梵文的原意是:護心)由梵文的音節組成;持咒通常和特定的本尊修法有關連,含攝該本尊的特殊功德。

波羅密多乘 Paramitayana

大乘分為波羅密多乘和密乘;波羅密多乘又稱為經乘,俗稱為顯教。(參見:大乘)

金剛經 Diamond Cutter Sutra

佛闡述空性的一部經典。

金剛鎧甲 Vajra Armor

去除障礙或療癒疾病的一種修法。

金剛薩埵 Vajrasattva

密續的本尊,擅長淨障。

金剛瑜珈母 Vajrayogini

密續的女本尊,具有威力轉化貪慾的能量為道用。

【九劃】

柯磐寺 Kopan Monastery

護持大乘法脈聯合會（FPMT）的主要寺院，由耶喜喇嘛創立於1969年，位於
尼泊爾加德滿都的山丘上，大約有三百六十名常住僧眾在那裡學習；也提供佛
法課程給來自世界各地的人學習，其中最有名的是每年十一月的課程，詳見：
http://www.kopanmonastery.com/

耶喜喇嘛 Lama Yeshe（1935-84）

護持大乘法脈聯合會（FPMT）的創始人。1970年開始和喇嘛梭巴仁波切傳授
西方人佛法，弘法利生事行深廣且獨具風格，非常擅長於因材施教、啟迪人
心，詳見：http://www.fpmt.org/teachers/yeshe

風心 wind and mind

在凡俗的色身之內存在著微細身，由脈道、能量風、明點組成；能量風是粗細
分各種心識的坐騎。

前行 preliminary practices

依照西藏佛教的傳統，為了令修行成功無礙，必須做各種淨障集資的修行功
課，如：大禮拜、皈依、獻曼達、金剛薩埵、上師相應法等

度母 Tara

密續的女本尊，表徵諸佛的事業，以感應迅速著稱。

施受法 tonglen

大乘修菩提心的一種法門，觀修取受一切有情的苦及苦因，將自己的安樂、身
財、善根、功德布施給其他一切有情。

【十劃】

琉璃淨土 Lapis Lazuli Land

指藥師佛的淨土。

涅槃　Nirvana

（參見：解脫）

唐卡　tangka

西藏佛教的一種宗教繪畫。

唐東嘎波　Tangtong Gyelpo（1385-1509）

西藏有名的大瑜珈士，被視為觀音的化身，有許多殊勝的利生事蹟，如造橋、治病等。

【十一劃】

貪（貪執、貪慾）attachment

由不滿足衍生出來的煩惱，令人誇張人或事物的優點而渴望占有。

貪欲的能量風　wind of attachment

（參見：風心）

粗分的身心　gross body and mind

密續把人的身心能量分為三個層次：粗分、細分、極細分；其中的粗分身心是指凡俗的色身和內心的思想、情緒、覺知等。

淨土　pure land

每一尊佛都有其淨土，是高度進化的心識存在的微妙境界。

閉關　retreat

在一段時間內，斷絕對外的聯絡，在一個固定的地點專心修行佛法。

寂天菩薩　Santideva（685-763）

印度的聖僧，是一位隱密修行的大成就者，其名著《入菩薩行》被奉為大乘修心的寶典而廣為流傳。

密續　tantra

針對特殊根器的有情，具有強烈的菩提心，發願迅速成佛以利眾生，佛陀秘密傳授的法教。密續是大乘的一支，又稱為密乘或金剛乘。

救脫惡趣五大強力咒 Five Powerful Mantra for Liberating Sentient Beings from the Lower Realms

指尊勝佛母咒、毗盧遮那佛咒、不動佛真言、如意輪咒、無垢頂髻咒。

密勒日巴 Milarepa（1040-1123）

西藏的大成就者，以其不凡的依止上師及苦修悟道的事蹟而聞名，著有許多證道的歌謠流傳於世。

密乘戒 tantric vows

三種戒律之一；接受瑜珈部和無上瑜珈部的密續灌頂者，必須受持的戒律。

【十二劃】

菩提心 bodhichitta

（梵文之意為：醒覺的心）為了讓自己有能力引導一切有情成佛，而發願成佛的利他心。

菩薩 bodhisattva

（梵文；意為：醒覺者）具有菩提心者。

無畏施 charity of fearlessness

保護有情免於怖畏的一種布施。一般而言，布施有三種：財布施、法布施和無畏施。

無色界 formless realm

輪迴中三界（欲界、色界、無色界）的最高界，其中包含四無色天：非想非非想天、無所有處天、識無邊處天和空無邊處天。

無明 ignorance

基本上有兩種無明：昧於因果律和昧於究竟的實相：空性。由於無明，令眾生陷於生死輪迴中受苦。

喇嘛 Lama

藏音，意為：上師；有時用作對僧眾的尊稱，相當於中國佛教稱呼「法師」。
（參見：上師）

菩提道次第 lamrim

解脫成佛的道法次第。將整個學佛修行的過程，從世俗凡夫發心修行，追求來世安樂、解脫輪迴，乃至成就佛果，扼要地分為下士道、中士道、上士道三個次第。這一套層次分明、易於遵循、完整而有效的修行體系，是西藏佛教的一大特色和貢獻。

勞朵喇嘛 Lawudo Lama

喇嘛梭巴仁波切被認證為大成就者勞朵喇嘛的轉世；勞朵喇嘛曾在尼泊爾梭羅昆布的勞朵山洞禪修多年而得名。詳見：http://www.fpmt.org/teachers/zopa/bio.asp

惡道（惡趣） low realms

輪迴的下三界、三惡道：地獄道、餓鬼道、畜生道。由於造惡業而墮入其中的有情，恆時受非常劇烈的苦。（參見：地獄、餓鬼）

無憂地 sorrowless state

解脫或成佛的境界。（參見：解脫）

無量壽佛 Amitayus

阿彌陀佛的報身相，和白度母與尊勝佛母合稱為長壽三尊。

黑金翅鳥修法 Black Garuda puja

密續修法的一種，用以療癒疾病，特別是癌症。

黑文殊 Black Manjushri

密續本尊之一，是文殊（智慧之佛）的忿怒相。

菩薩戒 bodhisattva vows

大乘行者發菩提心之後，為了修證菩薩道而受持的戒律。菩薩戒的內容是三聚淨戒，也就是攝律儀戒、攝善法戒、饒益有情戒。在家、出家人均可受持。（參見：菩薩、菩提心）

無上密續灌頂 highest yoga tantra initiation

密續分為四部，無上密續是其中最高的層次。修行密續一般必須先得到具格上師傳授的灌頂。

尊勝佛母 Namgyelma
密續的女本尊，擅長延壽、除障，和白度母與無量壽佛合稱為長壽三尊。

悲眼觀視者 One Who Gazes with a Compassionate Eye
指觀音。

【十三劃】

聖者 arya
（梵音：阿雅；意為：優越者）已經證悟空性而脫離輪迴者，包括從直接證悟空性的第一剎那起，一直到成就佛果。

煩惱 delusion
內心的染垢、令內心不清明的情緒干擾。煩惱導致有情造惡業、受苦。三個根本的煩惱是：貪、瞋、癡（無明）。

極細分的身心 extremely subtle body and mind
密續把人的身心能量分為三個層次：粗分、細分、極細分；唯有透過密續特殊的修行，才可能彰顯最隱微的極細分身心。

業 karma
因果律；身、語、意的善業導致安樂，惡業則帶來苦。

解脫 liberation
徹底脫離輪迴的境界，又稱為涅槃、無憂地。（參見：無憂地）

唵嘛呢唄美吽
大悲佛觀音的咒語，又稱為六字大明咒。

獅面空行母 Lion-face Dakini
密續的女本尊，擅長降伏邪魔外道。

葉衣佛母 Logyonma
密續的女本尊，擅長除障和治病。

極秘密馬頭明王　Most Secret Hyagriva

密續的本尊；馬頭明王是觀音示現的忿怒相。

【十四劃】

僧伽　Sangha

佛教的三個皈依境：佛、法、僧之一。勝義、絕對的僧伽是指證悟空性，具有勝義諦法的修行人；世俗、相對的僧伽指受持出家戒的一般僧眾所組成的僧團。

夢瑜珈　dream yoga

密續中運用夢境觀修的一種修行法門。

頗瓦丸　powa pill

一種特殊的加持丸，用以放在亡者的頂輪上，幫助亡者在意識離開身體之後，能夠往生淨土或投生善趣。

【十五劃】

緣起　dependent arising

緣起是自然的法則，一切現象包括自己的存在，都是依於各種因緣、支分，以及由心安立名言，所以不是自性存在的。

餓鬼　hungry ghost

屬於輪迴中三惡道中的餓鬼道，恆時受劇烈的飢渴之苦。

蓮華生大師　Padmasambhava

八世紀把佛教帶入西藏的印度大師，普受西藏佛教徒尊崇。

輪迴　samsara

含六道（天、人、阿修羅、畜生、餓鬼、地獄）或三界（色界、無色界、欲界）。眾生由於受煩惱和業力的驅使，而不斷地在三界、六道中輪轉生死，一再地生而復死，死而復生。

餗供 sur offering
以燃燒麵粉和酥油所產生的香味作供養、布施，同時禪修餗供的儀軌。

【十六劃】

曆算的日子 astrological dates
西藏的陰曆係逐年計算，內含適合各種修法的日期。

壇城 mandala
密續本尊清淨、莊嚴、圓滿的居所，是本尊智慧的化現。

龍供 lu puja
對治龍族傷害的一種修法。

燈供 light offering
點燃許多蠟燭、酥油燈或五彩的小燈泡，用來供養佛像、佛塔等聖境，是西藏佛教傳統上很普遍的修行功課，藉以累積福德、增長智慧。

積資四力 four powers of accumulation
菩提道次第的教法提到，無論修什麼法，有四種力量可以累積最廣大的功德：持戒力、勝境力、心態力、說法力。

【十七劃】

禪修 meditation
令心熟悉各種不同的對境，一般分為止修和觀修兩種。

薈供 puja
（梵文的原意為：供養）西藏佛教的一種修法儀式。

彌勒佛 Maitreya Buddha
彌勒意為：慈愛，所以彌勒佛又稱為慈氏佛，是下一尊未來佛，目前居住在兜率天內院，將在釋迦牟尼佛的教法消逝之後，降生到這個世界。

擦擦 tsatsa

用石膏粉做的小佛像或聖物。

【十八劃】

轉生 rebirth,reincarnation

在解脫輪迴之前，眾生死後，心識會隨著業力繼續在六道之中輪迴，進入下一生。

繞行 circumambulation

以順時鐘的方向繞行佛像、佛塔等聖境，以淨除惡業、障礙，累積功德，是佛教徒很普遍的一種修行功課。

瞻巴拉 Jambhala

密續的本尊，能為眾生帶來財富。

皈依 refuge

指皈依三寶：佛、法、僧，並遵循皈依的學處，是進入佛門成為佛教徒的基礎。

轉念 thoght transformation

修習菩提心，轉化困境為菩提道的一系列法門，包括修自他相換等。

【二十一劃】

蘊聚 aggregates

指五蘊：色蘊、受蘊、想蘊、行蘊、識蘊，是佛陀分析人的組成元素的方式之一。

獻曼達 Mandala offering

觀想供養整個宇宙所有最美好的受用物給上師、三寶等聖境，是西藏佛教傳統上很普遍的一種修行功課，藉此積集廣大的功德，同時也是前行法之一。

寶瓶 wealth vase
密續的一種修法，藉以幫助修行者增加財富。

【二十一劃】

護持大乘法脈聯合會（FPMT）
由耶喜喇嘛和喇嘛梭巴仁波切於1975年創立，目前的導師是喇嘛梭巴仁波切，領導全球一百五十個利生單位和專案，包括弘法中心、閉關中心、寺院、學校、出版社、診所等，詳見：http://www.fpmt.org

魑魅傷害 spirit harm
邪靈透過附身或引起生病而對有情造成傷害。

護持大乘法脈聯合會及台灣弘法中心

　　護持大乘法脈聯合會是一個佛教道場和佛教活動的國際網絡，致力於傳播大乘佛教活用的修行傳統。該基金會在一九七五年由圖登・耶喜喇嘛創立，目前由圖登・梭巴喇嘛帶領。該基金會包括了佛法道場、寺院、閉關中心、出版社、醫療中心、安寧病院，並且推動興建佛塔、佛像及其他法器等計畫。

　　如欲獲得基金會的道場、計畫和活動等訊息，請向以下的地址索取一份免費的《曼達拉》（MANDALA）雜誌：

FPMT International Office
PO Box 888, Taos, NM 87571 USA
Tel: 505-758-7766
www.fpmt.org

　　護持大乘法脈聯合會目前在台灣主要有一個基金會：財團法人台北市護持大乘法脈基金會，及三個弘法中心，聯絡方式如下：

◎ 財團法人台北市護持大乘法脈基金會
　　電話：0225230727
　　地址：台北市民生東路一段85號

◎ 台北經續法林中心
　　地址：台北市八德路三段81號12樓之1
　　電話：(02) 2577-0333
　　傳真：(02) 2577-0510
　　E-Mail：jinsiufa@ms3.hinet.net

◎ 台中釋迦牟尼佛中心
　　地址 ：台中市北屯區旱溪西路三段301號
　　電話 ：(04) 2436-4123
　　傳真 ：(04) 2436-4122
　　E-Mail：fpmttc@gmail.com ，fpmt.tc@msa.hinet.net

◎ 高雄上樂金剛中心
　　地址 ：高雄縣橋頭鄉仕隆村仕隆路曾營巷9之1號
　　電話 ：(07) 612-5556
　　傳真 ：(07) 612-5599
　　E-Mail：colasumam@yahoo.com.tw

善知識JB0059

親愛的喇嘛梭巴：轉困境為安樂Q & A

作　　　　者	／	喇嘛梭巴仁波切
譯　　　　者	／	釋妙喜
資 深 編 輯	／	劉芸蓁
行　　　　銷	／	劉順眾、顏宏紋、李君宜

副 總 編 輯	／	張嘉芳
出　　　　版	／	橡樹林文化
		城邦文化事業股份有限公司
		台北市信義路二段213號11樓
		電話：(02)23560933　傳真：(02)23560914
發　　　　行	／	英屬蓋曼群島家庭傳媒股份有限公司城邦分公司
		台北市民生東路二段141號2樓
		書虫客服服務專線：(02)25007718；(02)25007719
		24小時傳真專線：(02)25001990；(02)25001991
		服務時間：週一至週五上午09:30-12:00；下午1:30-17:00
		劃撥帳號：19863813；戶名：書虫股份有限公司
		讀者服務信箱：service@readingclub.com.tw
		城邦讀書花園網址：ww.cite.com.tw
香港發行所	／	城邦（香港）出版集團有限公司
		香港灣仔駱克道193號東超商業中心1樓
		電話：(852)25086231　傳真：(852)25789337
		E-mail：hkcite@biznetvigator.com
馬新發行所	／	城邦（馬新）出版集團【Cite(M) Sdn.Bhd.(458372 U)】
		11, Jalan 30D/146, Desa Tasik, Sungai Besi,
		57000 Kuala Lumpur, Malaysia
		電話：(603)90563833　傳真：(603)90562833

版 面 構 成	／	吳文綺。SEESAW work studio。
封 面 設 計	／	吳文綺。SEESAW work studio。
印　　　　刷	／	中原造像股份有限公司

初 版 一 刷	／	2009年8月
I　S　B　N	／	978-986-6409-05-9
定　　　　價	／	320元

城邦讀書花園
www.cite.com.tw

國家圖書館出版品預行編目資料

親愛的喇嘛梭巴：轉困境為安樂Q & A / 喇嘛梭巴仁波切
　　著；釋妙喜譯.
　　-- 初版.---臺北市：橡樹林文化, 城邦文化出版：
　　家庭傳媒城邦分公司發行, 2009. 08
　　面　；　公分. --（善知識系列；JB0059）
　　譯自：Dear Lama Zopa: Radical Solutions for
　　Transforming Problems into Happiness

　　ISBN　978-986-6409-05-9（平裝）

　　1.佛教修持　2.生活指導

　　225.87　　　　　　　　　　　　　　98012704